よくわかる！
保育士エクササイズ

11

子どもの文化
演習ブック

松本峰雄 監修

遠藤 純/大野雄子/岡崎裕美/尾山祥子/才郷眞弓/鈴木範之
髙橋小百合/髙橋 司/田中 幸/福澤惇也/藤田佳子/松本峰雄 著

ミネルヴァ書房

はじめに

　保育士、幼稚園教諭を養成する大学・短期大学・専門学校の多くが,「児童文化」ないしは「子どもの文化」の教科目を開設しています。それはなぜでしょうか。

　日本では、1960年代の所得倍増計画による重工業の発展によって不足した労働力が、主に農村部からの出稼ぎや長子以外の若年労働者の集団就職によって補われた結果、都市への人口流入が増え、過密と過疎の問題が生じ、子どもたちの日常生活にも影響が現れました。その結果、核家族の増加などで、伝承遊びを知らない子どもが増え、また、伝承遊びを次代に伝えることができる大人も減少しています。

　遊びは、子どもの成長・発達に対する不可欠な前提であり、教育・学習そのものです。また、遊びは子どもの人間としての自由な証であり、子ども固有の権利ですが、この権利が大人の都合により奪われています。

　子どもの遊びの中心が保育施設となっている今、保育者に子どもの文化をもっと知っていただきたく本書は企画されました。

　本書は、保育を学ぶ学生のテキストだけでなく、現在保育者として保育現場で活躍している先生方にも活用できるような内容となっています。日本のよき伝統としての「児童文化」を子どもたちに伝承してくださることを祈念しています。

　2022年2月

監修　松本峰雄

CONTENTS

第3章

伝統行事と伝承遊び

本書の使い方

❶まず、「今日のポイント」でこのコマで学ぶことの要点を確認しましょう。

❷本文横には書き込みやすいよう罫線が引いてあります。授業中気になったことなどを書きましょう。

❸語句説明、重要語句やプラスワンは必ずチェックしましょう。

❹授業のポイントになることや、表、グラフを見て理解してほしいことなどについて、先生のキャラクターがセリフでサポートしています。チェックしましょう。

❺おさらいテストで、このコマで学んだことを復習しましょう。おさらいテストの解答は、最初のページの「今日のポイント」で確認できます。

❻演習課題は、先生にしたがって進めていきましょう。

動画について

一部のレッスンでは、テキストの内容に関連するYouTube動画を視聴することができます。

●視聴方法

❶本文に表示されているQRコードを、カメラ付き携帯電話などで読み取ります（読み取りの方法は、携帯電話の機種によって異なります。 ご不明点につきましては 各メーカーにお問い合わせください）。

❷動画が掲載されているYouTubeサイトのURLが表示されるのでクリックすると、アクセスできます。

❸動画の再生ボタンを押し、動画を視聴します。

・動画の再生や視聴にあたってはデータ通信を行うため、通信料が発生します。発生したデータ通信費用につきましては視聴者のご負担となります。

・動画の視聴にあたって生じた損害につきましては、責任を負いかねます。ご了承ください。

第1章

||||||||||||||||||||||||||||||||||||||||||||||||||||||||

子どもの文化とは何か

この章では、子ども文化、児童文化とは何か、遊びとは何かについて学びます。
現在では当たり前のようにある「子どもとは大人とは異なる存在である」
という考え方も、実は18世紀以降に発見されたということを
知っておく必要があります。また、さまざまな児童文化財を選ぶ際には
「子どもの発達」という視点が重要であることも学んでいきましょう。

子どもの文化の歴史

1 「児童文化」および「子ども文化」の範囲

1 「子どもの文化」あるいは「児童文化」を考えるために

「子どもの文化」と聞いてイメージするものは何でしょうか。昔話や児童文学、わらべうたや童謡・唱歌（➡10コマ目を参照）、絵本や紙芝居でしょうか。また、マンガやアニメーションをはじめ、人形劇やペープサート、子どもに向けてつくられたさまざまな玩具などでしょうか。子どもに関わる伝承行事や習俗（しきたり）、遊びや衣食住、さらには、子どもを取り巻く文化施設（動物園や水族館、児童公園、児童図書館など）やお店（駄菓子屋など）を想起されるかもしれません。

「子どもの文化」と似たような言葉に、「児童文化」があります。「児童文化」というと絵本やペープサート、パネルシアターなど、保育現場で使用されている教材を思い浮かべることも多く、一般的にはこうした教材の教育的価値や指導法について言及される機会が多いようにも思います。「子どもの文化」と「児童文化」、この2つの言葉はまったく同義なのでしょうか。

子ども〈の〉文化を、「子ども〈のための〉文化」とするか、「子ども〈による〉文化」ととらえるかによっても、そのイメージは少し異なってくるようにも思います。

一方で、「子ども」の「文化」を考える際には、キーワードである「子ども」および「文化」についても考えなければなりません。以下、言葉の定義と成立について、歴史の流れをたどりながら整理していきましょう。

2 「子どもの文化」の範囲

「文化」とは、ラテン語の"colere"を語源とし、もとは土地を「耕す」という意味に由来する言葉です。「真理を求め、常に進歩・向上をはかる、人

6

間の精神的活動（によってつくり出されたもの）」（『新明解国語辞典』三省堂）であり、「英語の culture の訳語として明治時代頃から使用された言葉」（『大辞泉』小学館）です。

「文化」は、「自然」（人間の手を加えないもの）に対する概念としても使われ、その意味では、人間の生活様式全体を指し、人間が自ら築いてきたあらゆる知的創造の営みであるともいえます。

子どもの文化という場合、「子どもの健やかな成長発達を願い、大人によって子どものためにつくり出された文化」という側面と、「子ども自身の手によりつくり出され、子どもから子どもへと伝えられてきた文化」という、2つの側面があります。

前者には、冒頭で述べたさまざまな子どものための文化があり、現在こうしたメディアは主に「児童文化財」と呼ばれています。

一方、後者では、子どもの遊びという文化をはじめ、子どもによって創造・創作された作文、美術、工作、音楽などがあります。

さらに、子どもの生活環境（衣食住）、子どもと社会、子どもを取り巻く現実などにも、子どもの文化に関連あるものが多数含まれています。子どもの文化という概念は、児童文化財という枠にとどまらず、子どもの実生活に関わる実に幅広い分野に及んでいることになります。

3　「子ども」、あるいは「子ども期」へのまなざし

「子どもの文化」、あるいは「児童文化」という言葉は、いつ頃、どのように誕生したのでしょうか。

こうした用語が生まれるためには、子どもという存在への社会的な関心が共有されなければなりません。

具体的にいえば、子どもが大人とは明確に異なる存在であることを社会が共有しつつ、大人が子どもの生活をはじめとする周囲の環境に目を向けて関心をもち、心身ともに健やかな子どもの発達を願って必要な条件整備に前向きに取り組むこと、つまり、「子どもの発見」がなされていることが重要です。

「子どもの発見」というと、子どもはいつの時代にもいたではないかという反論があるかもしれません。確かに、生物学的また肉体的に未成熟な、いわゆる成人に至る一形態としての「小さな人」は存在しました。しかし、大人（成人）という概念に対する「子ども」や「子ども期」が、いつの時代も同様な概念として社会に存在したわけではありません。

アリエス*は、18世紀以降の西洋において、それ以前とは明らかに異なる子どもへの認識が生じ、子どもが大人とは異なる存在であるとする子ども観が出現したと論じました。

彼は、絵画などの図像や彫刻、日記や手紙、服装や遊び、文学における子どものイメージなどを丹念に掘り起こし、中世には「子ども期」という特別な時間は存在せず、やがて血縁を中心とする家族の形成に伴って子どもがクローズアップされ、そこから「子ども」という観念が形成されたと結論づけました。

アリエス
Ariès,P.
1914～1984
フランスの歴史学者。主著『〈子供〉の誕生——アンシアン・レジーム期の子供と家族生活』は1960年刊行。わが国では、1980年にみすず書房より杉山光信・杉山恵美子の訳で出版され、教育学や児童学、心理学、社会学はじめ関連する学問領域に多大な影響を与えた。

私たちの社会のなかで、「子ども」はいつの時代も自明の存在であったとはいえない——アリエスの主張である「子どもの誕生」、より正確にいえば「子ども期の誕生」は、批判的に検討・検証されながらも、子どもをめぐる研究にさまざまな示唆を与えました。

4 日本における「子どもの発見」

一方、日本における「子どもの発見」は、明治期にその兆しがみられます。

1891(明治24)年、キリスト教徒の教育者・若松賤子は、アメリカの児童向け家庭小説であるバーネット『小公子 前編』(女学雑誌社)を翻訳し、刊行しました。その際、賤子は「家庭の天使」としての子ども、すなわち家庭内で愛される存在である「子ども」に着眼し、こうした視点を雑誌をとおして当時の進歩的な母親に届けようとしました。賤子の子ども観は、それまでの日本ではみられなかった斬新なもので、明治以降になって表れた子どもに対する新たなまなざしといえます。

ここに、わが国における子どもへのまなざしの大きな変化がみて取れます。その延長線上に、明治以降の日本の社会における子どものための文化が花開いていくきっかけがあります。すなわち、「子どもの発見」こそが「子どもの文化」という概念を形成し、社会で共有されるようになった大きな要因といえます。

2 前史、および明治期の歩み

1 近代以前の子どもの文化

ところで、近代*以前にも「小さな人たち」はいたわけですが、ではこうした人たちが親しむ文化がなかったかというと、そうではありません。人類が誕生して以降、おそらく子どもは思い思いの遊びに興じながら、他方で、大人が有していた文化の一部を取り込む形で独自の文化を築いていたと思われます。

こうした姿が具体的に表れるのは、12〜13世紀にかけて描かれた絵巻物です。平安時代末期の『伴大納言絵巻』には子どものけんかが描かれていますが、その他のさまざまな絵巻にも、メンコやおはじき、竹馬や独楽などの子どもの遊びが生き生きと表現されています。

室町から江戸時代にかけてつくられた絵入り物語である『お伽草子』や、そのなかで明るい彩色で素朴な作風をもつ『奈良絵本』は、わかりやすい画風と物語で、大人だけではなく子どもたちにも受け入れられたといわれています。江戸文化といえば、その二大特色は「印刷出版(製版)と寺子屋の普及」(小池正胤「江戸期子ども本」『近代以前の児童文学』東京書籍、2003年、143頁)といわれます。近世初期には木版の製版印刷によって一定の大量生産が可能になり、寺子屋の普及もあいまって、子ども向き絵本

などもつくられて流通しました。

　今日確認されている限り、江戸前期にあたる1678（延宝 6）年には、少なくとも子どもを意識した絵本が刊行されていたことがわかっています。

　また、江戸中期以降、大衆的な絵入り本の一つである「赤本」と呼ばれる子ども向け絵本が刊行されて人気を博し、題材として昔話や祝いもの、合戦もの、知識ものなどが多数描かれました。この頃から幕末、明治初期にかけて、子どもに物語を提供する豆本や絵解き、絵双六、いろはかるた、組上げや立版古といわれるおもちゃ絵などの刷物や、

「鬼○外福○内豆満喜雙六」（東京都立図書館蔵）

おもちゃ絵「新版舌切すゞめはなし」（東京学芸大学図書館蔵）

豆本「頼光大江山入」（舞鶴市指定文化財糸井文庫蔵）

あるいは往来もの（前近代の教科書）などが多く刊行されたほか、人形などの玩具や泥面子、智恵板と呼ばれるパズルや独楽などがつくられ流通し、現在にもつながる子ども文化の源流といえるでしょう。

2　近代化に伴う教育施策の整備

　明治初期、政府が重要視したのが教育施策の整備でした。1872（明治 5）年には日本初の近代的学校制度を定めた学制を公布し、富国強兵のため国民皆学*をめざしたのです。

　1900（明治33）年、学制に代わって制定された教育令の改正により、義務教育が無償化されると就学率が90％を超え（1902［明治35］年、ただし通学率は 68.4％）、子どもの生活における学校教育の比重がしだいに高くなってきました。

　こうした状況と前後して、明治初期より知識や啓蒙*を主眼とする出版物が相次いで誕生しました。『訓蒙窮理図解』（1868年）や『世界国尽』（1869年）、『童蒙をしへ草』（1872年）は福沢諭吉によるものです。

　国内外の劇的な変化に伴って国外情勢にかかる知識や情報に関心が高まり、子どもに理科的あるいは修身（道徳）・社会に関わる読物を提供しようとしたことが背景にありました。また、学制公布後、教育関係者による『西洋童話』（1874年）や『少年之玉』（1890年）といった昔話的な読物や立身出世*を扱った作品も生まれ、子ども向けとしてはじめての本格的な雑誌『少年園』（1888年）も創刊されました。

プラスワン

江戸文化における子どもへのまなざし

岡本勝『子ども絵本の誕生』（弘文堂、1988年）には、三重県松阪市内の寺院の地蔵胎内から、子ども向けの絵本が発見されたことが報告されている。子どもが若くして亡くなった（1678［延宝 6］年）ことを悲しんだ親がその冥福を祈るため、子どもの遺品や愛読した書籍類を奉納したもので、少なくともこの時期に子ども向けの絵本が存在したことを物語るものである。江戸期においても子どもへの愛情あふれるまなざしが感じられるエピソードでもある。

---

1 コマ目　子どもの文化の歴史

語句説明

国民皆学

→国民だれもが学べるようにすること。

啓蒙

→教え導くこと。

立身出世

→世に出て認められること。

雑誌『少年世界』創刊号
（巖谷小波主筆、博文館、
1895年1月刊）

■3■ お伽噺の時代：博文館の児童出版

明治20年代になると、教育の普及による「子ども」という新たな読者層の形成や、印刷技術の進歩に伴う書籍の価格低下などを背景に、子どもに向けての出版がより活性化するようになります。この動きの中心となったのが博文館*という出版社でした。

博文館の児童出版は、1889（明治22）年から刊行された少年雑誌『日本之少年』と『少年学術共進会』に始まります。続いて、『少年学術共進会』を併合した投稿誌『日本全国小学生徒筆戦場』（1891年創刊）や『幼年雑誌』（同）を経て、それらを統合した『少年世界』（1895年創刊）の刊行をもって本格的にスタートしました。

加えて、同誌の年齢別・性別の兄弟（兄妹）誌としての『幼年世界』（1900年創刊）や『少女世界』（1906年）などの雑誌文化、『幼年玉手函』をはじめとする叢書（図書のシリーズ）群、さらには明治後期から刊行される『お伽画帖』などの絵本分野と多彩な活動があります。

1886（明治19）年生まれの作家、谷崎潤一郎は、13歳の頃、博文館から刊行されていた雑誌『少年世界』に「新八犬伝」（作：巖谷小波）が連載されていて、これを読みふけったと回想しています。また、江戸川乱歩は、8歳であった1902（明治35）年、博文館の『世界お伽噺』が愛読書であったと述べています。

明治期に幼少年期を過ごした人は、多かれ少なかれ博文館の出版文化に親しむ機会があったものと思われ、当時、博文館の出版物がいかに少年少女たちに受け入れられ、大きな影響を与えてきたかがわかります。明治20年代から明治末年にかけて、博文館が築いた児童出版文化に関する足跡は決して小さくなく、その時代の子どもの文化の形成、ひいては子ども観や教育観の形成に一定の役割を担いました。

■4■ 巖谷小波の登場と役割

博文館が行った子どものための出版で特筆すべきは、1891（明治24）年から刊行された叢書『少年文学』（全32編）です。

その第1編に、思春期にある少年少女の淡い恋などを描いていた作家・巖谷小波*を起用、小波はこれに応え『こがね丸』*を執筆し好評を博しま

語句説明

博文館

→1887（明治20）年に大橋佐平が創業した出版社。幅広い分野にわたって出版物を大量・安価に販売し成功をおさめた。また、紙・印刷・製本・販売などの諸部門を整備し、日本の近代出版において一時代を築いたことで知られる。

巖谷小波
1870〜1933
児童文学作家、口演童話家。はじめは小説家としてスタートしたが、のちに児童文学に転じ、膨大な著作を残した。文学や絵本にとどまらず、国語国字問題をはじめ教育にも積極的に発言。子どもの文化に関するあらゆる分野に関わり、近代児童文化の祖ともいわれる。

した。

『こがね丸』には「少年文学」という頭書きがついており、同書序文において小波は「此書題して『少年文学』と云へるは、少年用文学との意味にて、独逸語のJugendschrift（juvenile literature）より来れるなれど、我邦に適当の熟語なければ、仮に斯くは名付けつ」（訳：この本を「少年文学」と題したのは、子ども用の文学という意味で、ドイツ語のジュブナイル文学［子ども期の文学、少年少女期の文学］からきたものだが、日本にはまだこれに相当する訳語がないので、私が仮にこのように名づけた）と述べています。ここには、当時教育の普及によって読者としての〈子ども〉が意識されています。

こののち、小波は博文館の代表的な書き手として雑誌の編集主幹となっただけでなく、『日本昔噺』（1894年～、全24冊）、『日本お伽噺』（1896年～、全24冊）、『世界お伽噺』（1899年～、全100冊）などを続々と刊行し、明治の「お伽噺の時代」を築き上げ、その呼称を定着させました。

こうした印刷メディアをベースとしつつも、相乗効果をねらうものとして、小波は1896（明治29）年頃から口演童話と呼ばれる童話の実演をも行い、全国をまわるようになります。また雑誌等の愛読者らを組織化して抱え込み、彼らに向けて劇や芝居など大小さまざまなメディア・イベント（愛読者会）を行ったほか、子どもに向けての演劇であるお伽芝居を企画しました。

小波の呼びかけによって上演された川上音二郎一座による「狐の裁判」と「浮かれ胡弓」は、日本ではじめての児童劇とされます。

小波はこのほか、三越（呉服店）が1909（明治42）年に立ち上げた、子どもの生活用品を研究する「児童用品研究会」の顧問となり、日本ではじめての児童博覧会の開催に尽力するなど、人形などの玩具や文具、アルバム、子ども服から調度品、書籍類に至るまで、明治以降の子どもに関するさまざまな文化に大きく関与し、その基礎をつくりました。

このように、明治期にスタートした日本の子どもの文化活動の中心に巌谷小波がおり、それらを支えたのがいずれも子どもを新たな消費者とみなす、出版社や百貨店などでした。ここにも、近代化に伴う「子どもの発見」があったといえます。

5 お伽倶楽部の活動

小波とともに、子どもに向けてさまざまな活動を行っていた久留島武彦は、1906（明治39）年、横浜にて「お伽倶楽部」をつくります。これは、大人のためにはさまざまな文化的催しがあるのに、子どものためにこうした場がほとんどなく、顧みられていない、そこで「お伽倶楽部」なる組織を設立し、毎月、幼少の子どものためにイベントを開催するというもので、講演会、音楽会、お話会、お伽芝居などを実施しました。この動きはその後全国各地に広がり、大阪では翌1907（明治40）年1月に「大阪お伽倶楽部」、京都では4月に「京都お伽倶楽部」が発会しています。

しかし、江戸から明治にかけて、社会もいまだ「文化」という言葉の定着

語句説明

『こがね丸』

→小波が博文館の求めに応じて執筆した、近代日本ではじめての子どもの本とされる。父を虎に殺された犬のこがね丸が、周囲の助けを借りて仇討ちするまでを描く物語である。江戸文学の流れをくむ古風なものであったが、随所にみられる言葉遊びや起伏に富んだストーリー、動物の敵討ちというこっけいさなどが、子ども・大人を問わず当時の読者を魅了したといわれる。

プラスワン

児童用品研究会

明治30年代以降、子どもや子どもを取り巻く教育や文化に社会的関心が高まり、子どもの玩具をはじめとする生活用品に注目が集まるようになる。三越は子どもを新たな消費者として認識。子どもの文化の発展・向上を目的に、1908（明治41）年に「小児部」、翌年には新購買層に向けての商品を充実すべく、玩具や子どもの生活用品を研究する「児童用品研究会」を立ち上げた。この研究会には、巌谷小波や児童心理学者として知られる高島平三郎らが参加、その成果を社会還元する場として児童博覧会を企画・開催した。

には至っておらず、「子どもの文化」「児童文化」という用語の誕生にも至りませんでした。この言葉が使われるようになるのは、大正期以降になってからのことです。

3 「児童文化」の誕生

1 児童雑誌『赤い鳥』と児童芸術

　日露戦争（1904～1905年）や第一次世界大戦（1914～1918年）により国内は軍需好景気となり、とりわけ第一次大戦は、製鉄や造船などで広くアジアに市場を広げ、急速な経済発展をもたらしました。その意味では、大正期は明治とは異なる都市文化が花開いた時代でした。

　工場で働く労働者数は、1914（大正3）年には85万人でしたが、1919（大正8）年には147万人となり、仕事を求めて労働者が都市部へ集まり、都市化に拍車がかかることになりました。

　こうしたなか、専門・技術職や事務員、公務員や教員などの給料生活者の階層が生まれます。彼らは「新中間層」と呼ばれる人たちで、生活が比較的安定していたことから子どもの教育にも高い関心をもち、当時話題になりつつあった児童中心主義＊に賛同するようになります。

　1918（大正7）年、夏目漱石門下の小説家・鈴木三重吉によって創刊された児童雑誌『赤い鳥』は、「芸術として真価ある純麗な童話と童謡を創作する最初の文学的運動」を掲げ、芥川龍之介『蜘蛛の糸』、有島武郎『一房の葡萄』などの作品を掲載し話題となりました。『赤い鳥』を含め、当時の4大雑誌といわれる『おとぎの世界』『童話』『金の船』なども続々と創刊され、子どもの無邪気な心を絶対化する童心主義の考え方に基づいた作品が多くつくられて社会に発信され、これらの子ども観は新中間層に広く受け入れられました。

　雑誌の投稿欄には、子どもからの綴り方（作文）や詩、短歌、俳句などが寄せられ、学校とは異なる自由な雰囲気は多くの読者を呼び込み、さながら読者同士のサロンのような場として機能しました。

　『赤い鳥』では三重吉が綴り方を、北原白秋が童謡を、山本鼎が自由画をそれぞれ選び、子どもによる創作を生み出す起因をつくっていきました。やがて童話や童謡だけでなく、童画などの言葉も生まれ、子どものための芸術全般（文学、美術、音楽、演劇等）を指す「児童芸術」という言葉も誕生しました。これらは、「児童文化」誕生の大きな要素ともなりました。

2 用語「児童文化」の出現と意味

　文献上、子どもの文化を意味する言葉が登場してくるのは、現在のところ1922（大正11）年頃からとされています。同年10月刊行の峰地光重『文化中心綴方新教授法』（教育研究会）に、「児童文化」という用語が登場することをもって、その始まりとされてきました。

重要語句

児童中心主義

→教育の目的・内容・方法などを児童の立場にたって決定しようとする教育上の考え。アメリカやドイツで提唱され、しだいに世界的な新教育理念となった。

プラスワン

「児童文化」の用語

近年の研究では、1922（大正11）年6月刊の後藤牧星『子供の為に童謡の作り方』が児童文化協会から出されていることや（牧星は1921[大正10]年に大阪市内にて児童文化協会を設立）、また1922年5月に冨田淑雄『お伽歌劇　狼ト七匹ノ小山羊』が児童文化書院から出版されていることなどが確認され、遡及できる使用例の初出とされている。

　ここでは、「綴方は、実に児童の人生科である。児童の科学・道徳・芸術・宗教である。而して児童文化建設の進行曲であらねばならない」と記載され、綴方は児童の全人格の発達上重要であり、児童の科学・道徳・宗教・芸術そのものであり、児童文化を建設するうえで必須のものであると述べています。

　峰地は『赤い鳥』の綴方運動に影響を受けた教員であり、綴方指導をとおして子どもの生活を芸術的・文化的に高めることを「児童文化」と表現したのだと思われます。

　その後、大正期から昭和前期にかけて、さまざまな新聞や雑誌で「児童文化」は登場し、あるいは出現しはじめ、映画やラジオ、紙芝居などのメディアを含む言葉として広く用いられるようになっていきます。

3　多様化する子どもの文化環境

　このように、用語「児童文化」が誕生するためには、子どもの発見と子どもへの関心、児童芸術や文化へ目を向けることの両方が必要でした。ここに至る動きは明治以降に動き出しつつ、用語として誕生するのは大正期を待たねばならなかったということでしょう。昭和に入ると、先に述べたように子どもの文化環境はより多様化していきます。

　明治末年から本格化した口演童話は大正期にも継続し、全国各地で子ども向けにおはなしの語り聞かせが行われました。これらの口演は録音されてレコード化され、販売されるとともに、ラジオ*で全国放送もされました。こうした、いわば江戸から連なる「語りの文化」に加え、新たに映画やアニメーションが登場し、子どもたちにも人気を博すようになります。

　映画では、日本で爆発的な人気となったフランスの「ジゴマ」（1911 [明治44] 年公開）が有名です。子どもたちに主人公・怪盗ジゴマのまねをする遊びが大流行する一方で、子どもへの悪影響から映画が公開中止に追い込まれるなどの話題を振りまき、一世を風靡しました。

　一方、アニメーションは明治末年から短編ものが輸入公開されていましたが、1917（大正 6）年には国産アニメーションが作成・封切られています。当時は「漫画映画」といわれ、その後子どもたちの絶大な人気を集めていきます。

　昭和になり、紙芝居が本格的に登場することも無視できません。紙芝居の登場は、1930（昭和 5）年頃に東京で誕生した街頭紙芝居とされています。街頭とはつまり街角のことで、自転車に舞台を乗せた紙芝居師が境内や公園、路地などの至るところに現れ、拍子木を打ち鳴らして子どもを集め、紙芝居を演じました。街頭紙芝居の画はすべて手描きされ、遠目からもわかりやすい配色や構図が工夫されました。演目も、時代もの、推理探偵もの、冒険SFもの、妖怪ものなどをうまく組み合わせ、年代・性別に配慮し、誰がみても面白いプログラムが用意されました。とりわけ、金色の骸骨姿に黒マントで登場する正義のヒーロー「黄金バット」は有名で、たちまち子どもたちを魅了し、全国に広がりました。

　子どもからの絶大なる人気と教育的効果に注目した人によって紙芝居の

語句説明

ラジオ放送

→東京放送局は、1925（大正14）年7月12日、愛宕山局舎から本放送を開始した。当初から子ども向けの放送「子供の時間」があり、初回は久留島武彦、14日には巌谷小波、16日には岸邊福雄が出演しておはなしを聞かせたという。

画面を印刷した宗教紙芝居、教育紙芝居、幼稚園紙芝居などがそれぞれの関係者によって製作され、紙芝居というメディアは一気に子どもの文化に欠くことのできないものになっていったのです。

4 「児童文化」統制の時代：「少国民文化」へ

　出版物だけに留まらない多様なメディアによって間口を広げつつあった児童文化ですが、1930年代以降は社会の波に翻弄されていくことになります。その一つが、日本がアジア諸国に対して行った侵略行為でした。

　1937（昭和12）年からの「国民精神総動員運動」は、日中戦争の勃発を機に、国民を全面的に戦争体制に協力させるために行われた運動です。当時の内閣が推進し、政府および軍に対する思想・言論の統制を強化、「ぜいたくは敵だ」「ほしがりません勝つまでは」などのスローガンで国民の私生活を統制しました。こうしたなか、子どもの思想形成に大きな影響を与えると考えられていた児童文化も例外ではありませんでした。

　内務省警保局図書課長の大島弘夫は、国家総動員法*が公布制定された1938（昭和13）年4月に、「児童文化の擁護　出版界よ覚醒せよ！　悪質児童雑誌は摘発する」と題した文書を発表、児童出版への統制を強めていく意向を示し、これを受けて内務省は同年10月、「児童読物改善ニ関スル指示要綱」を通達します。これは、児童図書、雑誌、漫画、絵本など、子ども向け読みもの全般にわたる児童文化では初の国家統制で、表面上は俗悪な物を取り締まりつつもその目的は子どもの戦意高揚であり、戦争協力へと向かわせるための布石でした。

　やがて統制の範囲は演劇、紙芝居、映画などほかの児童文化にも及び、1940（昭和15）年9月には官民合同による「児童文化新体制懇談会」が設立されます。その後、1941（昭和16）年12月23日、あらゆる児童文化が一元的に国家によって管理・統制される体制へと組み込まれ、統括組織「日本少国民文化協会」が設立されました。小学校が「国民学校」、児童が「少国民」、児童文化が「少国民文化」と呼ばれるようになり、当初「日本児童文化協会」とされていた協会も、この名称へと変わったのです。

　この後、敗戦まで協会は、学徒動員*の子どもたちや集団疎開先の子どもたちを慰問し、口演童話や紙芝居などの活動を続けました。

4 戦後の「児童文化」と「子ども文化」の出現

1 児童文化の復興と良心的児童雑誌

　敗戦後、これまでの価値観の否定を強いられ、占領下での生活や食糧難など、子どもたちは以前にもまして厳しく不安定な生活を送ることを余儀なくされました。こうしたなか、民主主義*に目覚めた一部の児童文化関係者により、子どものための活動を再開する動きが生じてきました。

　まず取り上げるべきは、良心的児童雑誌といわれる『赤とんぼ』（実業之

語句説明

国家総動員法

→日中戦争に際し、国家の総力を結集するためあらゆる資源を統制・運用する権限を政府に与えた法律。

重要語句

学徒動員

→第二次世界大戦中、徴兵に伴う国内の労働力不足を補うため、学生・生徒を工場などで強制労働させたこと。

民主主義

→国民が国の重要な意思決定に参加し、その決定権をもつ考え方。

日本社)、『子供の広場』(新世界社)、『銀河』(新潮社) などの雑誌が相次いで創刊されたことです。戦時下の日本少国民文化協会は消滅し、「日本児童文学者協会」や「日本童画会」が結成されて活動を始め、児童出版以外でも児童演劇や紙芝居などの分野で新たな組織が生まれました。

　1949 (昭和24) 年10月当時まで、あらゆるメディアはGHQ (連合国軍総司令部) による検閲下にありましたが、それでも子どものための文化は着実に復興をとげ、活字に飢えていた人々によって本や雑誌は飛ぶように売れました。また、復員兵*による食いつなぐための紙芝居士が急増し、子どもに人気が再燃してブームとなりました。紙芝居作家はその後活躍の舞台を貸本マンガへと移し、こうしたなかから水木しげるや白土三平らを輩出することとなりました。

2　「子ども文化」の出現

　以上みてきたように、「児童文化」という用語は、大正中期の児童中心主義的な教育思想や当時流行していた用語「文化」を背景に成立した、日本特有の概念ということになります。

　ここには、子どもの健やかな成長を願う大人の思いがあり、子どもの生活を豊かにするものとしての児童文化財への着眼がありました。こうした歴史をかえりみるとき、児童文化は、大人が子どものために用意した文化的環境という側面がより強調される傾向にあることも無理からぬことだといえます。

　その一方で、教育社会学者の藤本浩之輔は、大人が子どものためにつくる文化財 (玩具や絵本その他) は「児童文化」であるとしながら、子ども自らがつくり、伝承する文化を「子ども文化」と区分してとらえなおす必要があると提唱しました。藤本の子ども文化に対する考え方で特筆すべきは、子どもがつくり出し、伝承していく文化を大人の文化や学校の文化と同列に位置づけたことです (藤本浩之輔「子ども文化論」宇野登・片岡徳雄・藤本浩之輔『子どもの世界』三一書房、1966年、173-192頁)。

　ここに、「児童文化」とは異なる、新たな「子ども文化」という概念が出現したことになります。藤本によって提起されたこの概念は、1980年代以降、さかんに用いられるようになりました。

3　現代における「子ども文化」と「児童文化」

　現代は急速な情報化が進み、膨大な情報が飛び交うネット社会です。子どもたちの生活においても多様なメディアが存在し、異なる媒体をより詳しく、ていねいに読み解いていくことが求められるようになりました。

　N.ポストマンは、メディアの変化による「子どもの消滅」について述べています。これまでのメディアは、声から活字、映像へと変わってきたわけですが、ポストマンはその変化が大人の側にあった優位を奪ったと述べています。なぜなら、活字がメディアの中心であると、大人は活字の読み書き能力 (リテラシー) を子どもより先に習得するため、子どもより優位な立場に立てるからです。しかし、現在は映像メディアが主流になりつつ

1コマ目　子どもの文化の歴史

📝 **語句説明**

復員兵

→戦地から帰ってきた兵隊のこと。

あります。映像は、活字のようなリテラシーがさほど必要ではなく、そのためかつて大人の側に存在した優位は消失し、それが「教育する大人－教育される子ども」の関係をも変貌させた、すなわち「大人」「子ども」の境界を取り払ったと指摘しています。つまり、「子ども」という概念の消滅を述べているわけです。

「子ども」という観念、存在が希薄化するなか、私たちの社会は児童文化、子どもの文化を今後どのように考えていくべきなのでしょうか。アリエスの問題意識にもあったように、そもそも「子ども」という存在が近代以降に発見された歴史的観念でしかないのなら、それぞれの社会、それぞれの時代において異なる「子ども」なる存在を、あらためて問い直していく必要があります。

こうした背景から、2000年代以降、「子ども文化」とは異なる「チャイルドロア（Childlore）」という言葉を用いる動きが出てきています。その目的について加藤理は「子どもの世界にかかわる文化と子どもたちとの関係を視点にしながら、子どもという存在の問い直しを図る」と述べています（加藤理「子どもがかかわる文化・児童文化・子ども文化」浅岡靖央・加藤理編著『文化と子ども──子どもへのアプローチ』建帛社、2003年、20頁）。教育学や心理学、社会学、民俗学など、子どもに関するこれまでのあらゆる成果を領域横断的につなぎ、子ども研究の効果的かつ新たな枠組みを構築しようとする試みです。

このように、現在もさまざまな観点から子どもの文化を問い直す作業が行われており、成果が積み上げられています。

激動する社会のなかで、今後も子どもという存在は社会からさまざまなまなざしを向けられることになるでしょう。そのなかで、子どもの文化もまた、たえず概念の問い直しと再構築が迫られていくことになると思われます。

おさらいテスト //

❶ 「子ども」期は、[　　　　　　　]によって作り出された考え方である。
❷ 児童文化の誕生は、日本の場合 [　　　　　　] 期にさかのぼる。
❸ 子どもによってつくり出され、伝承される文化を「[　　　　　]」という。

//

演習課題

「子どもの文化」について調べ、考えてみよう

① よく知られている昔話を一つ選び、その内容をグループで確認し合ってみましょう。また、物語に登場する子ども観について、当時の社会や大人の子どもに対するどのような願いや望みがみられるか、グループで話し合ってみましょう。例：桃太郎、赤ずきんなど。

② 現在の子どもの周辺にある児童文化財について、どのようなものがあるか、できるだけたくさんあげてみましょう。また、それはそれぞれどのような特徴があるかをグループで話し合ってみましょう。

③ 「児童文化」と「子どもの文化」の違いとは何か、自分なりにまとめてみましょう。

子どもの遊び

今日のポイント

1. 遊びとは、遊ぶこと自体が目的である。
2. 乳幼児は、遊びを通して学んでいる。
3. 子どもの主体性や自発性がよりよい学びへとつながる。

1 遊びの正体

1 遊びのはじまり

保育に関わる人ならば、「遊び」という言葉を数えきれないほど口にしていることでしょう。また、私たち自身も幼い頃から遊ぶ経験をしてきました。しかし、「遊びって何？」と質問されると、なんだかはっきりと答えることが難しいように思います。今後も遊びと向き合う皆さんと一緒に、遊びの正体を解き明かしてみましょう。

さっそくですが、私たちはなぜ遊ぶのでしょうか。遊んだところでお金がもらえるわけではありませんし、欲しいものが手に入るわけでもありません。やみくもに時間は過ぎていきますし、体力だって減っていきます。それでも私たちは遊びます。これは、よくよく考えてみると不思議なことです。一般的に私たちの生活で利益と呼ばれるものを、遊びは完全に度外視しています。

こうした遊びの"なぞ"に人類が足を踏み入れたのは、およそ80年前です。それ以前にも遊びをテーマにした研究はありましたが、1938年にホイジンガ*が発表した『ホモ・ルーデンス』は、遊び研究の古典として現在でも広く活用されています。そのなかでホイジンガは、遊びの特徴を下記の5つに分けて説明し、遊びの正体に迫っています（図表2-1）。

では、ホイジンガが示した遊びの特徴をくわしく確認してみましょう。

① 遊びは自由な行為である

自由こそが遊びの魅力です。そもそも他人に強制される行為は楽しいでしょうか。また、「やらされている」というネガティブな感覚にはならないでしょうか。私たちは、自分自身が興味や関心を抱いたことに価値を見出し、自分の意志に従って動くことに満足感や充実感を覚えるのです。

ホイジンガ
Huizinga, J.
1872～1945
オランダの歴史学者。文化史と精神史の関連について独創的な方法と叙述を示すなかで、遊びの起源や人類との関係について研究を行った。

図表 2-1　ホイジンガの遊び理論：5 つの特徴

① 遊びは自由な行為である
→誰かの命令ではなく、自分の意志で「やりたいから」やる
② 遊びは仮構の世界である
→現実では再現できない夢の世界に飛び込むことができる
③ 遊びは場所・時間・空間の限定性をもつ
→限定的な場所や時間や空間が遊びを保障する
（スポーツをイメージするとわかりやすい）
④ 遊びは秩序（ルール）を創造する
→共有されるルールがあってはじめて遊びは成立する
⑤ 遊びは不確定な要素（緊張）を含んでいる
→成功する確証がない方がスリリングで遊びへ没頭する
（賭けごとや勝負ごとをイメージするとわかりやすい）

② 遊びは仮構の世界である

フィクションの世界（ドラマ・アニメ・マンガなど）や妄想の世界がわかりやすい例でしょう。仮構*の世界では、ヒーローになることもプリンセスになることも自由自在で、自分が描く理想の姿を再現できるのです。無邪気で無垢（むく）な子どもたちにとって、そこはまさに理想郷なのです。

③ 遊びは場所・時間・空間の限定性をもつ

これについては、スポーツがわかりやすい例です。サッカーの場合、フィールドの大きさやプレイ時間が定められており、サッカースタジアム全体が「サッカー」という一種の遊びの場となっています。限定的な場所・時間・空間は、遊びの参加者に縛りを与えます。しかし、限定的であるからこそ、仮構の世界の成立を助け、遊びの参加者に共通のルールを提供するのです。

④ 遊びは秩序（ルール）を創造する

年代を問わず、昔から普遍的に行われている遊びにはすでに一定のルールがあります。たとえば、じゃんけんの場合は、同時に手を出す決まりですし、かくれんぼの場合は「もういいかい？」と鬼がたずねます。こうしたルールはわざわざ説明をするまでもなく、社会で広く共有されていることです。一方で、子どもたちが集まることによっていつの間にか遊びに発展することがあります。このとき、子どもたちは遊びながら一つひとつルールをつくり、それを子どもたちのなかで共有しています。子どもには「遊びを面白くしたい」という欲求があります。そのため、話し合いやいざこざを通して遊びをより楽しめる内容へ進化させていくのです。

⑤ 遊びは不確定な要素（緊張）を含んでいる

私たち人間は「結末がわかりきっていること」にはおもしろさを覚えません。たとえば、オチがわかっている漫才や結果を知っている実験などがあげられます。私たちは「すでに知っていること」を魅力的に感じないのです。反対に、結果が見えないことに対して人間は面白さを感じます。つ

プラスワン

「自由」の真意

遊びには自由さが求められる。しかし、何をしてもよいという意味ではない。ここでいう「自由」とは、あくまで他人に強制されていないという意味である。

語句説明

仮構

→実際にはないことを想像によってつくり出すことである。「ごっこ遊び」は代表的な例の一つで、子どもたちは実際の自分ではない何者かになりきって遊びを展開する。

まり、賭けごとや勝負ごとは、「100回負けても101回目に勝てるかもしれない」という希望が面白さにつながっているわけです。そのため、子どもに対しても、「できるかできないかのギリギリ」を提供してあげると、子どもにとっては魅力的な遊びになるでしょう。

2 遊びの本質

　遊びは面白い。これを疑う人はまずいないでしょう。大人になれば「遊び」ではなく「趣味」という言葉で表現されるかもしれませんが、少なくとも私たちは、「面白いから」「楽しいから」遊んでいるのです。たとえば、野球やサッカーといったスポーツ、ファッション、カラオケ、手芸、テレビ、ゲーム、SNS*などは面白いから続くのです。反対に、つまらなくなればやめます。こうした身のまわりにあふれるさまざまな遊びには、やはりホイジンガの5つの特徴が含まれています。つまり、私たちは、無意識のうちに遊びのルールに則って遊びや趣味を謳歌しているのです。

　子どもの遊びの場合は、「面白さ」の有無がさらに顕著に現れます。子どもは素直ですから、つまらなくなればすぐに興味を失います。それどころか、面白いと感じないものには最初から食いつきません。そのため、保育のなかで、「どのようにして面白さを提供するのか」は、現役の保育者にとっても実習生にとっても力を注ぐべきポイントになります。保育では「導入が大事」とよくいわれますが、導入が面白いかどうかによって一連の活動に対する子どもの姿勢が変化するため、導入の工夫は非常に大切といえます。

3 遊びのレシピ

　筆者自身が保育計画や指導案の作成を行う際には、図表2-2のように、遊びのなかにどのような要素を盛り込もうか考えています。このとき、「遊び」をオムレツに見立てて、「今日はどんな具材（遊びの要素）にしようかな」と職員室でひとりごとをつぶやいていたため、いつしか同僚の保育者たちから「遊びのレシピ」と呼ばれるようになりました。

図表2-2　遊びのレシピ

　毎日保育を続けていくなかで、いくつものレシピを考案し、実際に子どもたちに遊びとして提供するなかでわかったことがあります。たとえば、①具材のバランスによって遊びの主役になる子どもが変化する、②具材の種類（組み合わせ）によって遊びに興味を示す子どもが異なる、③保育を計画する際に"なんとなく"がなくなる、などです。特に、保育者として一番成長につながったことは、"なんとなく"がなくなったことです。

　遊びのレシピを導入することで毎回根拠をもって保育に臨むことができますし、保護者に対しても具体的な説明ができるようになりました。

　何年も保育者をしていると遊びのレパートリーは増えるのですが、徐々に、定型的（毎回同じよう）になることがあります。いわゆる、「マンネリ化」というものです。遊びがマンネリ化すると、遊びのなかに発展性や目新しさがなくなるため、子どもは遊びへの興味を失っていきます。こうした状況を打開するうえでも、「遊びのレシピ」は役に立ちます。

　図表 2-3 に遊びのレシピの使い方を示します。ぜひ、明日の保育の参考にしてみてください。

遊びのレシピを考えるときの具材は、図表 2-2 のほかにもたくさんあります。ぜひ、身のまわりの資源や環境に目を向けてみてください。

2 コマ目　子どもの遊び

図表 2-3　遊びのレシピの使い方：かくれんぼを面白くしたい

〔これまでのかくれんぼ〕

場所：園庭（園舎のなかは使用しない）
時間：午前11時〜午前11時30分
空間：よい天気
秩序：隠れ役は鬼から隠れる
　　　鬼役は隠れた人を探す
緊張：鬼から隠れるスリル感

いわゆる、私たちが知っている王道の「かくれんぼ」ですが、遊びのレシピを使って少し味を変えてみましょう！

〔遊びのレシピ版かくれんぼ〕

場所：ホール（もしくは保育室）
時間：午前11時〜午前11時30分
空間：カーテンを閉め切り照明を消す
秩序：忍者歩きをする（走らない）
　　　鬼はタッチしたら「タッチ」と言う
緊張：暗くて見えないなかで鬼から逃げる
　　　暗くて見えないなかで鬼は探す

暗くて「見えない」という非日常的な空間を演出することで、ハラハラドキドキのかくれんぼへと生まれ変わります！

〔コメント〕
　今回は、誰もが知っている「かくれんぼ」を題材にしました。かくれんぼの最大の魅力は、やはり鬼から「隠れる」スリルです（鬼は探し出す楽しさがあります）。従来版でも十分に面白いのですが、今回は遊びのレシピを使って具材を変更し、「全員が隠れている」状態をつくりました。子どもたちは暗いなかで視覚に頼ることができないため、「どこに鬼がいるのかわからない」スリルを体感します。また、「声や音を出したら居場所がばれる」「ふだんの速さで歩けない」という縛りも発生することが、面白さに拍車をかけます。秩序の面では安全性に配慮し、勢いよく走って互いにぶつからないよう工夫しましょう。

2 乳幼児期の遊びと学び

1 遊びを通して学ぶ

　保育の世界には「遊びと学びは渾然一体*」という考え方があります。言い換えるならば、子どもは遊びを通して学んでいるということです。そのため、保育者は、どのように子どもの遊びを展開するのか日夜アイデアを膨らませています。ただし、遊びなら何でもよいというわけではありません。一人ひとりの子どもの年齢や発達、興味や関心に応じて遊びを選択することが求められるのです。そして、子どもに合った遊びは、子どものよりよい成長や発達に大きく貢献します。

　このことは、たとえば「保育所保育指針*」の解説では、第1章総則における「保育所保育に関する基本原則」（3）「保育の方法」で説明がなされています（下線は筆者による。以下同様）。

> 　子どもは遊びに没頭し、自ら遊びを発展させていきながら、思考力や企画力、想像力等の諸能力を確実に伸ばしていくとともに、友達と協力することや環境への関わり方なども多面的に体得していく。（中略）<u>遊びは、それ自体が目的となっている活動</u>であり、遊びにおいては、何よりも「今」を十分に楽しむことが重要である。（中略）<u>子どもの諸能力は生活や遊びを通して別々に発達していくのではなく、相互に関連し合い、総合的に発達していく。</u>

出典：「保育所保育指針解説」第1章1（3）「保育の方法」オ、2018年を一部抜粋

　また、「幼稚園教育要領*」の解説では、第1章総説において「幼稚園教育の基本に関連して重視する事項」（2）「遊びを通しての総合的な指導」として説明がなされています。

> 　幼児期の生活のほとんどは、遊びによって占められている。（中略）<u>遊びは遊ぶこと自体が目的であり、人の役に立つ何らかの成果を生み出すことが目的ではない。</u>しかし、幼児の遊びには幼児の成長や発達にとって重要な体験が多く含まれている。（中略）自発的な活動としての遊びにおいて、幼児は心身全体を働かせ、様々な体験を通して心身の調和のとれた全体的な発達の基礎を築いていくのである。その意味で、<u>自発的な活動としての遊びは、幼児期特有の学習なのである。</u>

出典：「幼稚園教育要領解説」第1章第1節3（2）「遊びを通しての総合的な指導」①、2018年を一部抜粋

　さらに、2006年からスタートした幼保連携認定こども園の方向性を示す「幼保連携型認定こども園教育・保育要領*」の解説では、第1章総則において「幼保連携型認定こども園における教育及び保育の基本に関連し

語句説明

渾然一体

→いくつかのものが溶け合って一つになること。

重要語句

保育所保育指針

→保育所の基本的な考え方や保育内容を定めた指針であり、1965年に作成された。直近では2017年の改定により保育所を教育施設として積極的に位置づけることとなった。

重要語句

幼稚園教育要領

→学校教育法に基づいた、幼稚園の教育課程に関する基準である。1948年に前身となる「保育要領」が作成され、1956年に明確な教育内容の基準を示す「幼稚園教育要領」となった。直近では2017年に改訂され、「育みたい資質・能力」や「幼児期の終わりまでに育ってほしい姿」が明言されるとともに、小学校との円滑な接続が基本的なねらいとされた。

て重視する事項」③「遊びを通しての総合的な指導」として下記のような説明がなされています。

> 　乳幼児期の生活のほとんどは、遊びによって占められている。(中略)遊びは遊ぶこと自体が目的であり、人の役に立つ何らかの成果を生み出すことが目的ではない。しかし、乳幼児期の遊びには園児の成長や発達にとって重要な体験が多く含まれている。(中略)自発的な活動としての遊びにおいて、園児は心身全体を働かせ、様々な体験を通して心身の調和のとれた全体的な発達の基礎を築いていくのである。その意味で、自発的な活動としての遊びは、乳幼児期特有の学習なのである。

出典:「幼保連携型認定こども園教育・保育要領解説」第1章第1節1 (4)「幼保連携型認定こども園における教育及び保育の基本に関連して重視する事項」③ア、2018年を一部抜粋

　以上のように、現在では保育所・幼稚園・認定こども園にかかわらず、遊びを通して学ぶということが乳幼児期の学びのあり方だとされています。これは、私たちの言語獲得に置き換えるとわかりやすいでしょう。たとえば、本書の読者は、日本語の読み書きに特に不自由がないと思います。では、あなたは日本語をどのように獲得したでしょうか。必死に日本語の単語帳を暗記し、コツコツと現代文の問題を解き、日本語で日記をつけて書けるようになったのでしょうか。おそらく違うと思います。実際は、日本語を幼い頃から生活のなかで自然と耳にし、親や友だちとコミュニケーションをとるため積極的に使い続け、気がついたときには日本語が達者になっていたことでしょう。これが、まさに乳幼児の学びのスタイルなのです。

　乳幼児は、ふだんの何気ない生活や遊びのなかで自分の興味や関心に従って自発的に活動します。こうした連続がいつの間にか多様な知識や知恵を乳幼児にもたらしているのです。だからこそ、子どもが興味や関心の幅を広げられるような環境の設定、遊びの提案といった援助が保育者には求められるのです。

2　遊びと学びに関する教育の変化

　乳幼児期の学びが遊びを通して行われることは確認しました。では、就学後(小学校以上)の教育ではどうでしょうか。

　先ほど、2018年に「保育所保育指針」や「幼稚園教育要領」が改定(訂)されたと述べましたが、同時期に「小学校学習指導要領*」「中学校学習指導要領」「高等学校学習指導要領」も改訂されています。こうした要領の一斉改訂には、社会の変化が大きく関係しています。

　近年、インターネットの普及(スマートフォンの一般化)やAI技術の発展、グローバル化など、さまざまな技術革新が起こっています。これらの変化は、10年前に各要領が改訂された時点では予想もつかないことでした。すなわち、10年前の教育の基準や方針では、もはや現代の社会に合わなくなってしまったのです。また、小学校や中学校の授業風景も大きく変

図表 2-4　育みたい資質・能力

知識及び技能の基礎
遊びや生活のなかで、豊かな体験を通じて、何を感じたり、何に気づいたり、何がわかったり、何ができるようになるのか

思考力・判断力・表現力等の基礎
遊びや生活のなかで、気づいたこと、できるようになったことなども使いながら、どう考えたり、試したり、工夫したり、表現したりするか

学びに向かう力、人間性等
心情、意欲、態度が育つなかで、いかにによりよい生活を営むか

出典：「保育所保育指針」「幼稚園教育要領」をもとに作成

電子黒板を使った授業
資料提供：つくば市総合教育研究所

資質・能力に関して、乳幼児の教育では「遊びを通した学び」、就学後教育では「アクティブ・ラーニング」などが取り組まれています。

🖊 重要語句

資質・能力
──
→幼児教育では、「知識及び技能の基礎」「思考力・判断力・表現力等の基礎」「学びに向かう力・人間性等」とされ、就学後教育では、「知識や技能」「思考力・判断力・表現力等」「学びに向かう力・人間性等」となる。

化しています。たとえば、従来は教師が黒板に書いた事柄を学生はノートにまとめていましたが、現在では、タッチパネル搭載の黒板（電子黒板）によって図形を立体的に認識することができますし、学生は一人1台のタブレット端末を机に置いて教科書や辞書の代わりに使っています（都市部を始点に少しずつ導入が進んでいます）。

　こうした社会の変化に伴って、2018年の各要領一斉改訂（定）では、育みたい「資質・能力*」に重点が置かれました（図表2-4）。

　これは、幼稚園・保育所等から高等学校に至るまで一貫して取り組もうという教育目標であり、各学校の接続を円滑に進める意図もあります。これからの教育は、学習者（乳幼児から大人に至るまで）が受け身で何かを教わるだけでなく、自ら積極的に環境と関わるなかで、主体性をもって自ら考えることが必要だということです。

　育みたい資質・能力は、現代教育のキーワードである「生きる力」にも関係しています。生きる力とは、変化の激しい昨今の社会のなかで、子ども自身が自ら課題を見つけ、自ら学び、自ら考え、判断して行動する力のことです。多様性が認められつつある現代社会だからこそ、「自分はどうしたいのか」を考える力が求められています。そして、生きる力を養うためには、自発性や主体性が欠かせないのです。誰かに課題を与えられるまで待つのではなく、自分自身が積極的に世の中と関わり、興味・関心のある分野で課題を見つけて活躍できるように育ってほしいと思います。

おさらいテスト //

❶ 遊びとは、[　　　　　　]自体が目的である。
❷ 乳幼児は、[　　　　　　]を通して学んでいる。
❸ 子どもの [　　　　　] や [　　　　　] がよりよい学びへとつながる。

///

演習課題

遊びをアレンジしてみよう

- -

①まずは子どもの実態を確認しましょう。

子どもの年齢	歳児	
子どもの人数	男児：　　　　人　／　女児：　　　　　人	
子どもの姿	子どもたちのなかで流行っている遊びや取り組んでいる活動を書きだしてみましょう ・ ・ ・	

②次に遊びのレシピを使ってみましょう。

今回アレンジする遊び：		
	従来の遊び	アレンジした遊び
場所		
時間		
空間		
秩序		
緊張		

③アレンジした遊びをイメージしてみましょう。

アレンジのポイント	
盛り上がるポイント	
予想される子どもの姿	
保育者の援助	
気をつける点	

2コマ目

子どもの遊び

子どもの発達と
児童文化財の選び方

今日のポイント

1. 乳幼児期の子どもの発達とは、機能的な成熟だけでなく、心身の変化・変容や学習等による社会的な変化・変容などを指す。
2. 子どもに絵本や玩具などの児童文化財を与える際には、その子どもの発達に即したものを選ぶことが望ましい。
3. 乳児期の子どもは特定の保育者と応答的なやりとりをしながら情緒的に安定していく。

1 子どもの発達を理解する

1 子どもとの時間を豊かなものにするために

　皆さんが自分自身の幼児期を思い出すとき、そのなかでもとりわけ保育所や幼稚園などの保育施設にいる自分を思い出すとき、その思い出のなかには、絵本や紙芝居、わらべ歌や手遊びといった児童文化財が含まれているのではないでしょうか。

　たとえば、帰りの会などで皆が集まっているときに、担任の先生が、絵本を読んでくれるのが楽しみだったという人も多いのではないかと思います。その理由を改めて考えてみると、ただ先生が好きだったからとか、お話が好きな子どもだったから、というだけではないはずです。当時の皆さん（の発達）に合った、無理なく楽しめる素材や内容を保育者が選んでくれていたから、というのも大きな理由の一つなのです。

　ここで少し想像してみてください。いくらお話が好きでも、1時間も2時間も読み聞かせを聞き続けなければならなかったら？　あるいは短い時間であっても、とても難解なお話であったとしたら？　子どもにとって楽しいはずの読み聞かせの時間が、苦痛に感じる時間になっていたかもしれないということは、容易に想像できると思います。子どもの発達や興味・関心の対象などの実態に合った児童文化財を選ぶことができてはじめて、子どもも保育者も楽しく、満足できる豊かな時間をつくることができるのです。

　このコマでは、子どもの発達などに合わせて、どのように児童文化財を選んでいくのかについて学習していきます。

2 各法令における「発達」

　保育者をめざす学生である皆さんは、「発達」という言葉を聞く機会がとても多いのではないかと思います。保育士養成課程には、「保育の心理学」

「子ども家庭支援の心理学」など、発達心理学について学ぶ授業があります
し、「学校教育法*」「保育所保育指針」「幼稚園教育要領」にも、当たり前
のように「発達」という言葉が出てきます。

　たとえば、「学校教育法」第22条には、以下のように書かれています（下
線は筆者による。以下同様）。

> 　幼稚園は、義務教育及びその後の教育の基礎を培うものとして、幼
> 児を保育し、幼児の健やかな成長のために適当な環境を与えて、その
> 心身の<u>発達</u>を助長することを目的とする。

　同様に、2018年施行の「保育所保育指針」第1章1（1）「保育所の役
割」アには、以下のように書かれています。

> 　保育所は、児童福祉法（中略）第39条の規定に基づき、保育を必
> 要とする子どもの保育を行い、その健全な心身の<u>発達</u>を図ることを目
> 的とする児童福祉施設であり（後略）

　さらに、2018年施行の「幼保連携型認定こども園教育・保育要領」第
1章第1の1「幼保連携型認定こども園における教育及び保育の基本」に
おいても以下のように書かれています。

> 　乳幼児期の教育及び保育は、子どもの健全な心身の<u>発達</u>を図りつつ
> 生涯にわたる人格形成の基礎を培う重要なものであり（後略）

　「発達」という言葉には、いろいろな意味があります。心理学では「発
達」は、受精から死に至るまでの人の心身と社会的な変化・変容のことを
指し、そのなかには学習（経験により獲得した知識・理解に基づき自分の
行動、態度を調整すること）も含まれます。また、医学で「発達」とは、機
能的な成熟のことを指します。

　乳幼児期の子どもに関わる専門家としての保育者は、目の前の子どもの
発達を機能と学習の視点からとらえて理解することと、健全な心身の発達
を図るためにはどのような環境や援助が必要かを考え、実践していくこと
が必要であるといえます。

2　各時期における子どもの発達の特徴と児童文化財の選び方

1　乳児期（1歳まで）

① 発達の特徴

・視覚、聴覚などの感覚が発達する。

・泣いたり笑ったりという表情の変化や動き、喃語*などで自分の欲求を

重要語句

学校教育法

→1947年3月公布。
学校教育制度の根幹
を定める日本の法律
であり、文部科学省
が所管している。

重要語句

喃語

→乳児は、言語を獲
得する前の段階として、
声帯の使い方など発
声を学習している。そ
の際に発する声のこと
を喃語という。生後2
か月頃から、「あっあっ」
「えっえっ」など母音
を使用するクーイング
が始まり、やがて子音
を含む音を発するよう
になる。

応答的な関わり

→一人ひとりの子どもが置かれている状態や発達過程などを正しく把握し、子どもの欲求を適切に満たしながらふれあいや言葉がけなどを行うこと。

自我

→自分自身や自分の内にある思いを指す。1歳半頃に言葉を獲得すると、自分の要求を自覚・意識し、言葉にして表出するようになる。「ボクガ」「ワタシノ」「イヤ」などの言葉が増え、一見すると急にわがままになったようにもみえるが、自分の「心」を自覚できるようになったという成長の表れである。乳児期の「自我」は、その前段階であり、基本的な信頼感をもとに、周囲に何かを伝えようとする意欲の育ちなどとしてあらわれる。

擬声語(オノマトペ)

→ものが発する音を字句で模倣したもの。メーメー(羊の鳴き声)、ドキドキ(心臓の鼓動)、がちゃん(ガラスの割れる音、鍵のかかる音)、パチパチ(拍手、たき火の音)など。

擬態語

→状態や感情など、音を発しないものを字句で模倣したものを指す。バラバラ(散らばっている様子)、キラキラ(光、輝く様子)、ふわふわなど。

表現するようになる。

・「手足を活発に動かすようになる」→「ねがえりや腹ばい」→「お座り」→「はいはい」→「立ちあがる」と、運動機能も著しく発達する。腕や手先を意図的に動かすようになる。

・一人ひとりの心身の発達の個人差が大きい時期である。

② 保育者の関わり方

　この時期の子どもは、特定の大人と応答的に関わる*ことで情緒が安定し、人への信頼感などが育ち、自我*が芽生えていきます。そのため、特定の保育者が愛情深く、さまざまな感情を温かく受け止めながら、一人ひとりに応じた適切な関わりをすることが求められています。

③ 児童文化財の選び方

・特定の保育者とのふれあいを楽しめるものを!

　わらべうたや手遊びでは、安心できる対象である保育者自身の歌声を聞いたり楽しそうな表情を見たりして、心地よい気持ちを味わいます。正確な音程やリズムにこだわる必要はありません。ゆったりした雰囲気のなか、子どもに表情豊かに歌いかけたりひざの上に座らせるなどしてふれあいを楽しみながら、リズムに合わせて動いたりしてみましょう。

　絵本も、乳児にとっては特に保育者と一対一でゆったりと楽しむものです。読み手である保育者の顔がさまざまな動物の顔に変身してしまう『いないいないばああそび』(きむらゆういち、偕成社、1988年)のような仕掛けのある絵本や、向かい合ったいろいろな動物がくっついてしまう『くっついた』(三浦太郎、こぐま社、2005年)のような絵本は、保育者と子どもがふれあうきっかけを多くもたらしてくれます。

・はっきりした絵や、リズミカルな言葉のものを!

　乳児期は、視覚や聴覚などの感覚が発達するといいますが、まったく見えない、聞こえない状態から発達するわけではありません。母親のおなかのなかにいるときから周囲の音が聞こえているといいますし、生後間もない頃から周囲がぼんやり見えており、生後6か月頃になると焦点も合うようになり、目、鼻、口などの顔のパーツやはっきりした色などがわかるようになるといわれています。

　この時期の子どもは、はっきりとした色づかいや、単純な線で描かれている絵本を好みます。また、添えてある言葉も、お話の内容を楽しむというよりも、言葉のリズム、語感を楽しみます。『もこもこもこ』(谷川俊太郎作、元永定正絵、文研出版、1977年)や『じゃあじゃあびりびり』(まついのりこ、偕成社、1983年)は、さまざまな擬声語*や擬態語*を楽しむことができます。

・さまざまな触り心地を楽しもう!

　さまざまな感覚のなかには、手足や口の感覚も含みます。乳児はものをなめることで、そのものが何であるかを確かめていきます。外でベビーカーに乗っている乳児を眺めていると、自分の足をつかんでなめている子どもを見つけられることでしょう。これは、なめている感触と、なめられている感触が合わさって、自分の体の一部であると認識していく過程でみ

られる姿です。そのため布や木、プラスチックなどさまざまな素材の玩具を用意できるとよいでしょう。ただし、間違って飲み込んでしまうと大変危険ですので（誤飲*、誤嚥*）、大きさや形状には十分注意しましょう。

・その時期なりの楽しみ方を考えよう！

　ここまで、乳児期の子どもたちの発達と児童文化財を選ぶポイントについて述べてきましたが、どの文化財も、「この楽しみ方しかできない」というように、使用方法を限定しないほうがよいでしょう。

　たとえば、児童文化財のなかに「玩具」がありますが、日本の伝統的な玩具の一つであるコマを、乳児は自分で回すことはできません。しかし保育者が回してみせ、「まわってるね。くるくる…」「終わっちゃったね。もう一回！」と一緒に楽しむことはできます。同様に、乳児は積み木を積み上げることは難しいのですが、保育者が積み上げてそれを崩し、音が出るのを楽しむことはできます。

　目の前にある文化財を、目の前にいる子どもとどのように楽しむのかを考えていくのが、乳児期の子どもたちと関わる保育者の役割です。ぜひ、多様な楽しみ方を探してください。

2　1〜3歳未満まで

① 発達の特徴

・歩く、走る、跳ぶといった、基本的な運動機能が発達する。
・指先の機能も発達し、つまむ、めくるなどの動きができるようになる。
・基本的生活習慣（食事、排泄、衣服の着脱など）は、大人に手伝ってもらいながら自分でできることが増えていく。「自分でやりたい」という気持ちが強くなっていく。
・言語面では、発音が明瞭になり、語彙が増える。
・ものを何かに見立てる象徴機能*が発達し、大人と簡単なごっこ遊びを楽しめるようになる。

② 保育者の関わり方

　自分で移動できるようになると、子どもは周囲の環境に自ら関わり、興味や関心の対象を自ら広げていくようになります。とはいえ、まだ自分で気づけないこと見つけられないことも多く、保育者が豊かな環境を用意するとともに、その環境に子どもの興味や関心が向くように働きかけることが大切です。

　同時に、周囲の友だちの存在にも興味をもつようになります。この時期の子どもと関わる保育者は、友だちとの間をつなぐ役割も担います。まだ子ども同士のごっこ遊びが成り立つのは難しいのですが、保育者の存在があると、砂場でAちゃんのつくったごちそうをBちゃんと一緒に「おいしいね〜」と言って食べるまねをするといったことができるようになります。

　自分の思いが出てきますが、まだ明確に言葉にすることは難しい時期です。「自分のやりたいこととは違う」という思いはあるのに、「こうしたい」という具体的な要求ができないため、「イヤ」という言葉で拒否してしまう…。2歳前後の頃を「イヤイヤ期」と呼ぶのはこのためですが、保育者は、

重要語句

誤飲

→食べ物以外のものを誤って飲み込んでしまうことを指す。たばこ、医薬品、玩具、洗剤など。口に入れることができる大きさは乳児で32㎜、3歳児で39㎜ともそれ以上ともいわれている。

誤嚥

→通常なら食道へと送り込まれるはずの食べ物や唾液などが、誤って咽頭や気管に入ってしまう状態のことを指す。乳幼児ではミニトマトや凍らせた一口ゼリーなどで事故が起きた例がある。

重要語句

象徴機能

→現実にない物事をほかのものに置き換えて表現する働きのこと。細長い積み木を携帯電話に見立てて遊びに用いたり、ごっこ遊びのなかでお母さん役や子ども役になりきったりすることができるようになる。

3
コマ目

子どもの発達と児童文化財の選び方

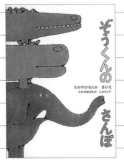

皆さんも子ども時代に読み聞かせをしてもらったのではありませんか？

その子どもなりに「しっくりこない」感覚に寄り添ったり、言葉で表現することを手伝ったりする役割が求められます。保育者や友だちの話す内容が心の育ちに影響を与えるだけでなく、周囲の人々が使う言葉や口調もまた、子どもの言葉の育ちに大きな影響を与えるといえます。

この時期の保育者は、子どもの自分でしようとする気持ちを尊重し、乳児期と同様に、温かく愛情豊かに、応答的に関わることが求められています。

③ 児童文化財の選び方

・「自分でしてみたい」という気持ちに寄り添おう！

絵本や紙芝居などは、基本生活習慣の自立がテーマとなった内容のものが数多くあります。絵本『パンツのはきかた』（岸田今日子作　佐野洋子絵、福音館書店、2011年）や『ノンタン　はみがきはーみー』（キヨノサチコ、偕成社、1989年）などは、子どもたちの「自分でやりたい！」という意欲を高めたり、「自分でできるよ！」と少し得意な気持ちを味わわせてくれることでしょう。目の前の、今の子どもたちの姿から適した内容のものを選ぶとよいでしょう。

・繰り返しを楽しめるものを選ぼう！

子どもたちは、「自分でやってみたい！」という気持ちでいっぱいです。見て動きをまねする力も育ってきていますので、単純な動きを繰り返すような手遊びを取り入れるとよいでしょう。

絵本や紙芝居も同様に繰り返しのあるお話は、「次は○○が出てくるよ…。ほら、やっぱりそうだった！」と、子どもたちが少し先を予想しながら楽しむことができます。『おおきなかぶ』（トルストイ再話、佐藤忠良絵、内田莉莎子訳、福音館書店、1966年）や『ぞうくんのさんぽ』（なかのひろたか、福音館書店、1977年）などが有名です。

・子どもが選んだものをともに楽しんでみよう！

子どもの前に立つと保育者は、自分がリードしていかなければと考えてしまいがちですが、この時期の子どもたちには子どもたちなりの思いがあります。本を先生のところにもってきて読んでほしいと意思表示をすることや、子どもが自分から歌を口ずさむこともあるでしょう。そういった場面では、ときにはその要求にこたえてみてください。子どもが選んだものを皆で一緒に楽しめれば一人の思いを叶えることができるだけでなく、同時に皆も楽しい気持ちになる、そんな豊かな時間をつくることができます。

・さまざまなものを試してみよう！

子どもの興味や関心がどこに向いているのかを理解するために、あるいは子どもの興味や関心の幅を広げるために、さまざまな種類のものを試して取り入れてみましょう。たとえば歌ならば、明るく元気な曲ばかりでなく、静かでゆったりした曲、少し悲しいメロディーの曲など。絵本も、さまざまなモチーフが描かれているものを選んでみましょう。

保育者を含むまわりの大人との会話や絵本などから、多くの言葉を覚えていくのがこの時期の子どもたちです。美しい言葉、面白い言葉、古い言葉、新しい言葉など、いろいろなものを子どもたちに紹介してあげてくだ

さい。

３ 3〜6歳まで

① 発達の特徴

・体の動きは滑らかになり、バランスを取りながら動くようになる。基本的な動作が一通りできるようになり、運動的な遊びに喜んで取り組む。

・理解できる語彙数が急激に増加する。知的な興味や関心が高まる。

・基本的な生活習慣がほぼ自立できるようになる。

・感情が豊かになり、身近な人の気持ちを察したり、少しずつ自分の気持ちを抑えたり、我慢ができるようになってくる。

・仲間と遊ぶことを楽しむようになる。仲間のなかの一人という自覚が生じるようになり、集団での遊びや協同*的な活動がみられるようになる。

・6歳になる頃には思考力や認識力が高まり、自然や社会のなかの出来事、文字などへの興味関心が高まっていく。

② 保育者の関わり方

　この時期の子どもは成長が目覚ましく、そのなかでも特に仲間との関わり方が大きく変化します。自分が好きな遊びを楽しんでいれば（あるいは身近な大人と一緒に楽しめれば）満足だったのが、同じような年頃の友だちとの関わりを多く求めるようになります。仲間との遊びを楽しみ、仲間の一員としての自覚をもつようになり、仲間との集団的な遊びや協同的な活動を楽しむようになります。この時期の子どもたちと関わる保育者には、子ども一人ひとりの育ちをていねいにとらえるだけでなく、その子どもたちが属している集団の活動を充実したものにするような関わり方が求められます。

　子どもたちは、クラスのような大きな集団のなかで、絵本や紙芝居、手遊びなどを友だちと一緒に楽しむようになります。絵本をきっかけにごっこ遊びが盛り上がるなど、皆で一緒に楽しんだことが子どもたちの共通体験として積み重ねられていき、子どもたちの活動に影響を与えることもあります。児童文化財を子どもに提示する前には、内容をしっかり吟味しておきましょう。

③ 児童文化財の選び方

・バランスよく、いろいろなものを取り入れよう！

　ひと言で絵本といいますが、図書館や書店などの児童書のコーナーに一歩足を踏み入れてみれば、その数の多さに驚かれることと思います。物語絵本、科学絵本、図鑑などの知識絵本、仕かけ絵本などのさまざまな種類があり、昔話や古くから親しまれている名作から、最近話題の新しいものまでがところ狭しと並んでいます。ぜひ、直接手に取ってみてください。

　皆さん自身にも好みがあるかと思いますが、子どもの好みもそれぞれですから、ぜひ多様な絵本を子どもたちが楽しめるようにしてください。「今日は何を読んでくれるのかな？」と、子どもたちはワクワクしながら、先生が絵本を読むのを楽しみにすることでしょう。

　手遊びやわらべ歌なども同様です。同じものを繰り返し楽しむのもよい

重要語句

協同

→周囲の友だちとの関わりが深まると、思いや考えを共有し、共通の目的をもつようになる。その目的の実現に向け協力して一緒に取り組もうとすることを協同という。

3コマ目　子どもの発達と児童文化財の選び方

のですが、季節に合ったものやテンポの異なるものなど、いろいろなもの
を楽しめると、そのなかで子どもたちが自分の好みのものを見つけていく
でしょう。

・好きなものをきわめてみよう！

　先ほどといっていることが逆じゃないか、と思われるかもしれません。
いろいろなものを読んだら、子どもたちの好みもわかってきます。そうす
ると保育者は、子どもたちが喜ぶ顔を思い浮かべながら、絵本の内容を吟
味するようになるでしょう。

　たとえば、恐竜や乗り物などの特定のモチーフのものを積極的に選んだ
り、同じシリーズの本を続けて読んだりし、子どもの反応を見ながら「こ
れが好きだ！」というものをきわめてみてもよいでしょう。

・シリーズものや、翌日以降に続くものにも挑戦しよう！

　同じ登場人物が出てくるシリーズものの絵本（たとえば、ぐりとぐらシ
リーズやともだちやシリーズ、そらまめくんシリーズなど）は、読めば読
むほどに子どもたちが登場人物への愛着を感じるようになり、物語の世界
を存分に楽しむようになります。また、1日で読み終えるのは難しいよう
な幼年童話（たとえば、『おおきなおおきなおいも』やエルマーシリーズな
ど）は、「続きは明日ね」と何日にもわたって楽しむことができ、先の見通
しがもてるようになる5～6歳の子どもに喜ばれます。

・少し難しいもので、できるようになりたい気持ちを刺激しよう！

　振りがついているわらべ歌や手遊びなどでは、振りが少し難しかった
り、指の動きが複雑だったりするものにも挑戦してみましょう。たとえば、
チョキの指の形（人差し指と中指が伸びていて、残りの3本の指が閉じて
いる）や親指だけ、人差し指だけというように5本の指を順番に1本ず
つ伸ばす動きは、3歳児クラスだとまだまだ難しいと感じる子どもも多い
ようです。そのような動きが出てくる手遊びでは、「次はちょっと難しい
んだよね」「できるかな～？　できた！」などと言葉にしながら楽しむと、
「僕はできるよ」「できるようになったよ」と挑戦したい気持ちやできるよ
うになった達成感のようなものを感じながら、楽しんで取り組む様子がみ
られます。

　ここで大切なのは、「ちょっと」難しいということです。とても難しけれ
ば取り組むのが嫌になりますし、できそうもないことだとあきらめてしま
いやすいです。また、「できた！」に寄り添うのも大切ですが、皆の前で過
剰にほめてしまうと、できた子には必要以上の優越感を、できない子には
劣等感を感じさせてしまうことにもなりかねません。大切なのは「できる、
できない」ではなく、「難しそう」「やってみよう」「できるようになるまで
頑張ろう」という挑戦する心や粘り強さ、「やっているうちにいつの間に
かできるようになった」というような、自分の成長への気づきの芽生えの
ような感覚が味わえることです。「保育所保育指針」や「幼稚園教育要領」
のなかに記されている「幼児期の終わりまでに育ってほしい姿*」にある
「自立心」「協同性」「思考力の芽生え」「言葉による伝え合い」や「豊かな
感性と表現」などに通じる姿も見て取れることでしょう。

📖 **重要語句**

幼児期の終わりまでに育ってほしい姿

→保育所や幼稚園などでは、3つの資質・能力を育むことを期待されている。
①知識および技能の基礎
②思考力・判断力・表現力等の基礎
③学びに向かう力・人間性等
この3つの資質・能力は、5領域（健康・人間関係・環境・言葉・表現）のねらいと内容に基づく活動によって育まれると考えられている。幼児期の終わりまでに育ってほしい姿は、3つの資質・能力が育まれている幼児の、就学直前期の具体的な姿である。「健康な心と体」「自立心」「協同性」「道徳性・規範意識の芽生え」「社会生活との関わり」「思考力の芽生え」「自然との関わり・生命尊重」「数量や図形・標識や文字等への関心・感覚」「言葉による伝え合い」「豊かな感性と表現」の10の姿が示されている。

・子どもと一緒につくってみよう！

手遊びやわらべ歌に親しんだら、自分たちで歌詞や振りを考えて、半分オリジナルのものをつくって楽しむこともよいでしょう。「ちいさなはたけ」という手遊びがあります。1番の歌詞は「♪小さな畑を耕して　小さな種をまきました　ぐんぐんぐんぐん芽が伸びて　花が咲きました　ポッ」で、次に中くらいの畑、その次に大きな畑が出てきます。「次はどんな果物を植えようかな？」「〇〇ちゃんは何のお野菜が好き？」などと声をかけ、「じゃあ次はスイカにしようか。スイカの種は大きな畑にまこう！」とやり取りから手遊びを広げていくのも面白いです。

同様に、動きを子どもと一緒に考えるのも楽しいです。たとえば「メガネ」という手遊びがありますが、一通りの振りを十分に楽しんだ後、「△△君のメガネはどんなメガネ？」と聞くなどして、子どもから出てきた動きを皆で楽しんでみましょう。どんな動きも否定したりせずに、試しにやってみてください。子どもがのびのびと、自分のアイデアを皆の前で発表できるようになるといいですね。

・集団のなかの個を大切にしよう！

「子どもと一緒につくってみよう！」でも述べましたが、子ども一人ひとりのアイデアから手遊びをつくっていくことは、アイデアを取り上げてもらった子どもにとってだけでなく、その手遊びを楽しむほかの子どもたちにとっても素敵な時間になります。子どもの年齢が上がり、3歳以上にもなると、一人の保育者が大勢の子どもを前に絵本や紙芝居を読む、手遊びやわらべ歌を一緒に楽しむという形になります。人数が増えれば、同じタイミングで話を聞くことができなかったり理解にも差があったりと一斉に同じ動きをすることが難しくなり、保育者としては静かに話を聞いてほしい、きちんと話を聞いてほしいという思いが出てくることと思います。しかし、集団にあっても子どもたち一人ひとりには思いがあり、好きなことや苦手なこともそれぞれ異なります。まとめて〇〇組さんと呼びかけたりしますが、そのなかにいる一人ひとりのAちゃん、Bちゃん、Cちゃんに目を配り、目を合わせて微笑んだり、声をかけたりすることを心がけてみてください。皆との時間も、一人ひとりにとって大切な時間になることでしょう。

おさらいテスト

❶ 乳幼児期の子どもの発達とは、機能的な成熟だけでなく、心身の変化・変容や［　　　　］等による社会的な変化・変容などを指す。

❷ 子どもに絵本や玩具などの児童文化財を与える際には、その子どもの［　　　　］に即したものを選ぶことが望ましい。

❸ 乳児期の子どもは特定の保育者と［　　　　］なやりとりをしながら情緒的に安定していく。

幼児期のことを思い出してみよう

- -

演習テーマ 1 幼児期の自分を振り返ってみよう

①あなたはどんな子どもでしたか？ 何をして遊ぶのが好きでしたか？ それは、何歳の頃ですか？ いくつかあげてみましょう。

[
　
　
　
]

②あなたは幼稚園や保育所に通っていましたか？ そこでは、どのようなことをして過ごしていましたか？ 思い出せることを書いてみましょう。

[
　
　
　
]

③4～5人のグループをつくり、上の①②の内容を共有しましょう。感想を書きましょう。

[
　
　
　
]

演習テーマ 2 好きだった手遊びを教え合おう

①幼児期に好きだった絵本や手遊びなどがあればあげてみましょう。また、その理由もあわせて書きましょう。

[
　
　
　
]

②4～5人のグループで、①の内容を共有しましょう。実際に読み聞かせ合ったり、教え合ったりしてみましょう。

[
　
　
　
]

年齢や発達にあった文化財をまとめよう

- -

　実習やボランティアの経験をもとに、それぞれの年齢の子どもたちがどのような絵本や手遊び、玩具などを楽しんでいたかを実際にまとめてみましょう。また、なぜそれが取り入れられているのか、どんなところが子どもに好まれるのかを考えてみましょう。まだ保育実習などの経験がない場合は、どれくらいの年齢の子に適しているのか想像しながら書いてみましょう。

① 0 歳児

[

]

② 1 歳児

[

]

③ 2 歳児

[

]

④ 3 歳児

[

]

⑤ 4 歳児

[

]

⑥ 5 歳児

[

]

✖ ✖ ✖

第2章

児童文化財と保育

この章では、さまざまな児童文化財について学んでいきましょう。
皆さんが子どもの頃親しんでいたおはなしや紙芝居についても、
その成り立ちを知ることで、より深く理解することができるでしょう。
また、保育の場で、児童文化財がどのように活用されて
いるかについても知っておく必要があります。

素話・おはなし

今日のポイント

1. おはなしは、かつて口演童話と呼ばれ、巖谷小波、久留島武彦、岸辺福雄は、三大口演童話家と呼ばれている。
2. おはなしは、すべての子ども文化財の基盤となるものである。
3. おはなしは、「話を見せる」ように話すことが肝要である。

1 口演童話の歴史

わが国における童話の世界の発展は、巖谷小波（➡ 1 コマ目を参照）の功績によるところが大きいといわれています。

小波は、まず児童文学の世界を開拓しました。彼は、幼い頃からドイツ語を学び、ドイツ留学中の兄から『オットーのメルヘン集』*を贈られたことを契機に童話に興味をもち、1891（明治24）年、博文館の『少年文学叢書』第一編に『こがね丸』を発表し、以来児童文学に専念しました。続いて、1894（明治27）年から1896（明治29）年にかけて『日本昔噺』（24編）、1896年から1899（明治32）年にかけて、『日本お伽噺』（24編、民話、伝説、御伽草子などに取材したもので、『桃太郎』『舌切り雀』『かちかち山』『猿蟹合戦』『花咲爺』などを収める）、1898（明治31）年から1908（明治41）年に、『世界お伽噺』（100巻）、1910（明治43）年に、『世界お伽噺』（100巻）、1910年に、『世界お伽文庫』（50巻）、『小波お伽百話』など、次々と発表しました。また、1895（明治28）年から『少年世界』の主筆として、巻頭に童話を発表し続けました（以上すべて、博文館刊行）。

やがて大正時代に入ると、鈴木三重吉*が『赤い鳥』の児童文学運動を興

語句説明

『オットーのメルヘン集』

→フランツ・オットー（1832〜1901）が、諸外国の童話、伝説、笑い話などを家庭の読み物として1冊にまとめたもの。

鈴木三重吉
1882〜1926
雑誌『赤い鳥』を創刊した。当時の作家、作曲家、作詞家、詩人など斯界の第一人者を集め、わが国の児童文化史上に大きな足跡を遺した。

語句説明

『大語圏』

→東洋の説話や伝説をまとめた大百科事典。

し、児童文学は多くの作家の努力で発展していきます。島崎藤村、芥川龍之介、谷崎潤一郎、山田耕筰、泉鏡花、北原白秋、菊池寛、小川未明、西条八十など当時活躍していた作家、詩人などほとんどの人たちが子どもの作品を著しました。その後、『おとぎの世界』（文光堂）、『金の船』（金の星社）、『童話』（コドモ社）などの類似の雑誌を生む契機となりました。

そんななか小波は、児童文学者として童話の分野を確立していくことに力を入れ、1925（大正14）年に『大語圏』＊（平凡社）の編集に着手します。こうした出版をさらに子どもたちへ普及するために自ら実演化をはかり、「お伽噺＊」と称して、口演童話＊家としても活動していきます。

久留島武彦
資料提供：久留島武彦記念館

久留島武彦＊は、1894年、戦地から投稿した作品が小波に認められたことが文壇入りのきっかけとなり、行動をともにすることになります。そして1903（明治36）年、横浜蓬莱町のメソジスト教会ではじめて口演童話の会を開催し、以後毎月行われるようになりました。久留島はこのときのことを、「当時の子どもたちは、家庭でも邪魔者扱いで、商売の邪魔になるから外で遊んでこいと言われ、外に出ると、貨車や荷物の車がやってきて遊べないという

まったくかわいそうな存在であったので、なんとか慰めてやりたいということで、小波先生と相談してこの童話会を開いた」と述べています。

これがわが国における子どもに童話を語るという、最初の試みであるといわれています。これは世界でも類をみないことで、一度に大勢の子どもに語りかける口演童話がここに誕生しました。久留島はその後戦争に応召され、帰還後「お伽倶楽部」を発会し、博文館の客員として全国を童話行脚するようになりました。このお伽倶楽部は童話の口演だけではなく、琵琶や童謡の演奏があったり、寄席芸能の大神楽＊や手品などもありました。

参加者には岸辺福雄＊などがいて、少し遅れて安倍季雄＊も参加しました。その後、東京女子高等師範学校の人たちによって「大塚講話会」がつくられ、ここから童話集が誕生しています。小波らを迎えて、口演童話会を各地で開いたり、国内各地に口演旅行に行ったりしました。まさに人とモノが期せずしてそろったことになり、全国的な展開をみるようになったのも、当然のことといえるでしょう。また、大正期から昭和にかけて、仏教やキリスト教で、日曜学校・サンデースクール＊が児童教化の一つとして奨励され、この新しい教化方法が取り入れられたことは容易に想像できます。

大塚講話会の影響から、全国の師範学校においても口演童話の研究が取り入れられ、どの学校にも、口演童話の研究グループができ、ボランティアのグループなどでも、口演童話が実演されるようになりました。また、毎日新聞社、朝日新聞社の二大新聞社が口演班をつくって全国巡回をするようになり、普及に拍車をかけました。

昭和の初めから、全国の各大学でも童話研究会が組織されるようになり

ました。特に仏教系大学では、大正末期から学生たちの童話熱が盛んになりました。各宗派が日曜学校を奨励したことにより、日曜学校の指導員として配属された学生は、児童教化のため、児童研究会、宗教教育研究会、児童教化部などの会をつくり、童話研究に明け暮れました。たとえば、駒澤大学、大正大学、立正大学、龍谷大学、佛教専門学校（現、佛教大学）などでは早くから研究会がもたれ、口演童話家を招き講座を開きました。

　一方、こうした動きに応じるように、口演童話の話材の出版も相次ぎ、全国の口演童話の人々に話材を提供しました。

　終戦後、口演童話はテレビ放映開始（1953［昭和28］年）とともに廃れていくようになりましたが、依然として全国各地に熱心な童話研究グループが存在しています。たとえば奈良県童話連盟では、1926（大正15）年の発足から今日まで、綿々とその伝統を受け継いでいます。奈良県大和郡山市の稗田阿礼*を祀る賣太神社での阿礼祭や大分県玖珠町の童話祭は、今日まで続けられています。また1952（昭和27）年には、久留島を委員長、髙橋良和*を事務局長に全国童話人協会が結成され、口演童話家が一堂に会し、今も年2回の研修と奉仕口演を行い、脈々とその精神を受け継いだ活動をしています。

2　おはなしの選択

　子どもにおはなしをするとき、どんなことに気をつけておはなしを選択すればよいのでしょうか。話材の選択には、次のようなことが考えられます。

1　わかりやすいおはなしであること

　おはなしを選ぶときには、登場人物が多過ぎず、キャラクターがはっきりしていて、すぐさまその人物が描けることが大切です。子どもは直感で判断するので、登場人物に対しての配慮が必要になります。登場人物はできるだけ少ないほうが理解されやすいのです。ちなみに代表的な昔話に出てくる登場人物を記してみますと、「桃太郎（動物も含め）＝7」、「舌切り雀＝5」、「花咲爺＝6」、「かちかち山＝3」、「金太郎＝3」、「さるかに合戦＝6」（再話により違いはあるが）となっています。しかもその人物の性格がはっきりしていることに特徴があります。たとえば、「良いおじいさん」と「悪いおじいさん」というのが典型的なものです。

　万一、理解が困難であると思えば、おはなしに入る前に、登場人物の性格などを知らせておくことも一考でしょう。それを理解することで、はなしの筋の運び方もわ

かりやすくなり、聞く子どもたちも興味をもってくれるでしょう。

2　興味に応じたものであること

　変化のある話、起伏のある話、また子どもが経験した話、これから経験しようとしていることについては、興味・関心をもってくれます。子どもにとって身近だから、近くにあるものだから興味をもってくれるとは限りません。たとえば、駅近くの園で日頃から列車を見慣れている子どもたちならば、列車の話はマンネリ化しているかもしれませんし、逆に、はるか彼方の宇宙に興味をもっているかもしれません。いずれにしても、対象の子どもが今どんなことに興味をもっているかを見きわめておかなければなりません。

3　年齢に応じた長さを考える

　子どもは、興味の持続時間が限られています。もちろん個人差やおはなしの経験値で差があることはいうまでもありません。だいたい 3 歳児で 3 ～ 5 分、4 歳児で 5 ～ 10 分、5 歳児で 10 ～ 15 分程度であるといわれています。したがって、幼児を前にしておはなしをするときは、3 歳児は少し背伸びを、5 歳児は少しもの足りないかもしれませんが、7 ～ 8 分程度のおはなしがふさわしいでしょう。

4　韻律期を活用したもの

　幼児期は「韻律期」であるといわれています。すなわち、リズムを愛する時期です。子どもの好むリズムには 2 通りあります。一つは「音のリズム」、もう一つは「筋のリズム」です。
　たとえば、音のリズムとは、「犬がワンワンワン」「豚がブーブーブー」「ネズミがチューチューチュー」「ドアをトントントン」「鳥がパタパタパタ」「雨がザーザーザー」「雷がピカピカピカ」といった表現のことです。また、『大きなかぶ』でかぶを抜くときの「うんとこしょ、どっこいしょ」、『おむすびころりん』で「おむすびころりん、スットントン」などの表現をいいます。
　そして、筋のリズムとは、『三匹のこぶた』『三枚のお札』『桃太郎』『ブレーメンの音楽隊』などのおはなしに代表される、三度のストーリーの繰り返しの展開です。

3　おはなしの組み立て方

　おはなしには一つの型があります。すなわち「枕」「本話」「結び」の 3 つの部分に分けられています。

1 「枕」

　「枕」はおはなしに入る前の導入ととらえてもよいでしょう。簡単なところでは、「おはようございます」「これからおはなしをはじめますよ」というのも枕の一つです。この枕は常に必要というわけではありません。本編に入る前に子どもたちに聞く準備をさせるためのものであり、中身を要約するものではありません。必要な枕を記すと次のようになります。

①本話に出てくる地理や歴史、文化などが理解できないことがある場合は、枕において説明しておくことが大切。
　　たとえば、「昔の日本の人は、日本刀といって、腰に大きな刀と小さな刀を差していました」（絵や写真を示してもよい）とか、「この花は日本にはありませんが、遠いアフリカのケニアという国に咲いている花です」というようなことです。
②本話に出てくる難しい言葉などがあった場合にも先に説明しておくことが必要。
　　「山にしば刈りに行きました」「わらじを履いて旅に出ました」などがそうです。
③会場がまだ聞く態勢になっていないときのことも考えておく。
　　そのためには、子どもたちが興味をもてるような話や、経験したことがあるような話からつなげていくようにするとよいでしょう。
④気候の話、経験した話、関係のある歌を歌ってもよいので、演者の気持ちを落ち着かせる意味でも考えておくことが大事。

●しば刈り

芝生を刈ることではない。

小さな枝（柴）を刈ること。

2 「本話」

　次の「本話」というのは、中心になるストーリーのことです。これが子どもに理解されなかったらまったくおはなしの内容が伝わっていないことになります。そこで、本話を選択するにあたって留意すべきことを記しておきます。

　１つ目には、先述のとおり登場人物、動物の数が少ないこと、その性格がはっきりしていることが大切です。話術がいくら優れていても、子どもたちは複雑な登場人物を理解することは難しいのです。つまり、単純性（わかりやすいこと）が求められます。もし難しいと思ったら、事前に知らせておくことでカバーすることができます。これを理解すれば筋の運びがわかりやすくなり、聞くほうも楽しくなってきます。

　２つ目は、親密性ということです。子どもは生活のなかで経験したことは自分のこととして考えますし、理解を助けてくれます。動物を擬人化することも親密性が湧いてきます。

　３つ目は、劇的な展開、すなわち変化・進展です。本話のなかに、山あり谷ありということを考えてみましょう。だんだんと興味を与えながらクライマックスに達したあと、締めくくりの「結び」をすることが大切になります。おはなしを進めていくうえで、徐々に興味を高めていくことが大

切です。筋の展開によって興味が発展するように話すと、おはなしは一層楽しくなります。起承転結に留意して構成していくことがポイントとなります。

　ここで、韻律期を活用します。音と筋のリズムを忘れないようにしてください。

3 「結び」

　「結び」に移ります。

　結びはあっさりとし、結びで本話と同じ話を述べるのではなく、余韻を残して終わるようにするとよいでしょう。せっかく各自が受け取ったものを、統一的、画一的にまとめることは避けたいものです。「今日のおはなし、おもしろかった？」「どうだった？」という感想を求めることはたまにはよいですが、毎回聞く必要はありません。なぜなら、おはなしは一人ひとりの自身の生活経験に照らして受け止められるものなので、皆で一つにする、指示する、強制することは必要ではありません（ただ、生活指導などに使用する場合は、皆で確認しておきましょう）。

　組み立て方をスムーズにするためには、子どもたちの日々の生活の実態や行動を記録しておき、参考にすることです。それができていると、いつでもおはなしをつくり出す素材が浮かんできて、まとめやすくなります。

4 おはなしの仕方

1 準備

　ほかの文化財と異なり、おはなしをする際の準備 "物" はいりません。ただ、準備は必須です。素材を練り上げるという準備です。語る対象とする子どもの年齢に応じた準備がそれです。

　よく 4、5 歳児という表現をしますが、この 1 歳の違いは、言葉のうえでも思考のうえでも生活経験からも大きな差があるため、あらかじめよく考えて準備をすべきです。そのうえで、おはなしを自分のものとしておくことが肝要です。自分が一番話しやすい内容、言葉としておくことも準備の一つです。

　会場の準備については、まず子どもをできるだけ固めることです。もちろんおはなしが、注意を喚起するとか一人ひとりがよく考えたり反省したりする内容ではなく、明るいものであるということが前提になります。笑いや感動、喜びが次々と伝播（でんぱ）していくことが、おはなしを成功させる秘訣といえましょう。

　ただし例外的に、しつけの話、安全の話、予防の話など、一人ひとりが確認してほしいと願うときなどの場合は、その限りではありません。

　おはなしを語る場所は必ずしも室内とは限りません。園庭の藤棚の下、園外保育や遠足での芝生の上、河原で語ることもあると思います。丸く輪

4 コマ目　素話・おはなし

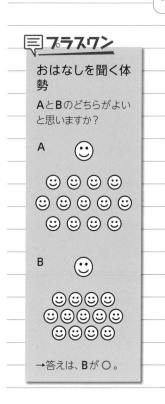

プラスワン

おはなしを聞く体勢

A と B のどちらがよいと思いますか？

A

B

→答えは、B が 〇。

になったその真ん中に座るというように、落ち着いた環境のもとで語ることができるのならば場所はいといません。要するにおはなしをする側からは皆の顔が見え、子どもたちからは語るものの顔が見え、誰もの顔が見渡せ、声が聞こえるようなところならばよいのです。

保育室で子どもがいすに座っておはなしを聞くときは、保育者は立って、子どもが床に座っているときは、保育者はいすに座って語るとよいでしょう。三角形の頂点のところに保育者が位置できるように並べ方を考えましょう。

■2 言葉

おはなしをする場合は、明るく楽しい雰囲気をつくることが何より大切です。努めてのびのびと、喜びをもった話し方が肝心です。演者とおはなしが遊離しているような語り方は、聞きづらいものです。演者がおはなしを自分のものにすること、そのおはなしの人物になり切ることで、聞く子どもたちに対して身近な感じをもたせることができます。

次に、わかりやすい言葉を使うということがあげられます。人はそれぞれに、言葉のくせをもっています。しかし、おはなしをするときは、そういったくせをできる限り改める必要があります。特に早口は厳禁です。できる限りゆっくりとした口調で、語尾も不明瞭にならないように気をつけ、おはなしの進展に支障をきたさないようにしましょう。

ジェスチャーについては自然のままで、あまり作為的な表現にならないように配慮してください。言葉によって表現できないところをジェスチャーで補うというのが本来であり、ジェスチャーの説明を言葉でするのではないということです。また、ジェスチャーがオーバーになり過ぎたり、故意におもしろおかしく振る舞ったりするようなことは慎むべきです。

おはなしをしていくなかで、「ワンワン」「ブーブー」といった擬声語（➡3コマ目を参照）、「サラサラ」「ザワザワ」といった擬態語（➡3コマ目を参照）を使うことがあります。子どもにとって魅力的な言葉であることはいうまでもありませんが、喜ばれるからとそればかりに走り過ぎないよう、うまく活用しましょう。

子どもは、おはなしを直感で理解します。このことからも話の筋がすぐに理解できるような表現がよいのです。また、登場人物もできるだけ少なくして、登場してくる人物や動物がすぐに理解できるものが喜ばれます。昔話に出てくるサルやオオカミやウサギのキャラクターや、前にもあげた「良いおじいさん」と「悪いおじいさん」の対比からも明らかです。

最後に「話を見せる」ように話すことをあげておきます。話を見せるとは、おもしろおかしく、ジェスチャーたっぷりに動き回り、オーバーアクションで話すことではありません。「具体的な言葉を使って、具体的に表現する」ことなのです。たとえば、「犬が走ってきます」という言い方を、「向こうのほうから、『ワンワン』と鳴いて犬が走ってきます」という表現に変えると、あたかも描いた絵のように理解しやすい話し方になり、おはなしをよく理解してくれるものです。

🗨 プラスワン

話を見せる
素晴らしいおはなしを聞いた子どもは、帰宅すると、「ただいま！今日おはなしを見てきたよ！」と言う。頭のなかで子どもは想像したり、映像を見ているという例である。

5 子どもがワンダーランドに遊ぶおはなしを

　おはなしを語るということは、子どもをワンダーランド*に遊ばせることだといえます。そのワンダーランドで、子どもは知らず知らずのうちに社会観や世界観を身につけていきます。

　ワンダーランドに入る鍵は、子ども自身がもっています。その鍵は言葉なのです。おはなしは、子どもが言葉を獲得したときから常に与えていかなければならないものです。それもきわめて自然に与え、自由にワンダーランドに入って、魂を美しくし、心身ともに喜びを感じさせてこそ、語る意義があるといえましょう。

　おはなしを聞かせる、おはなしをしてあげる、おはなしを成功させようといった功利的な考えは捨て、純真な心でなんの抵抗もなくワンダーランドの扉を開ける雰囲気をつくることが、おはなしをする第一歩といえます。ともに語り、ともに聞くといった子どもと同じ目線に立ってのおはなしの扱いが、結果的に共感を呼ぶことになります。

　子どもへのおはなしは、一人ひとりに語る態度、そして、もともとはおはなしは個から出発したものであるという「炉辺童話*」の心を今の時代にこそもち続けてほしいものです。

6 おはなしの実践例

　最後におはなしの実践例をあげておきます。欄外の留意事項は、余計なことかもしれませんが、おはなし初心者のために記しておきたいと思います。

語句説明

ワンダーランド

→おとぎの国、不思議の国、すばらしいところなどを指す。

語句説明

炉辺童話

→昔は、いろりばたでくつろいで、おじいさん、おばあさんが子どもに昔話を語っていた。

4コマ目　素話・おはなし

「落ちてきたお星さま」　原作・髙橋良和
再話・髙橋　司

みんな帰ってしまった　遊園地に　きれいな銀紙に包まれた　チョコレートが一つ　落ちていました
遊園地には　もうだれもいません
チョコレートは　ひとりで草むらのなかで　さみしそうでした
すると　草むらのなかから　一匹のねずみが　でてきました
「おやっ　こんなところに　光るものが　おちている」
ねずみは　首をかしげて　考えました
「なんだろうな　きらきら光っていて　こわいものかも　知れない…」
「お～い！　ちょっと　おいでよ！」
ともだちの　ねずみを　よびました
「どうしたの？」
「ほうら　見てごらん　こんなに　ぴかぴか光っているだろう」

落ち着いてゆっくりと話すあたりを見回すようにして下のほうを向く

突然驚いたように右のほうを見る
物を拾うような格好で、首をかしげる

驚いたような様子をするそして少し声を大きくする

指をさしてのぞき込む

首を振って思索する	「おやっ ふしぎだね…」
	ともだちの ねずみも 考えました
	「おうちに もって帰って おかあさんに たずねてみよう」
	「そうね」
腰をかがめて近寄る格好をする	二匹の ねずみは そのぴかぴか光る 銀紙のチョコレートの そばへ やってきました
	「だいしょうぶかしら」
	「そうっと さわってみようか」
人差し指をそっと近寄せる	そういいながら 二匹の ねずみは そうっと 手を出して 銀紙にさわってみました
ちょっと安心してうなずく	「なんともないね」
	「そうだね じゃあ おうちに 帰って たずねよう」
両手で抱えるようにして、上半身を前後に動かす	二匹の ねずみは そうだんして チョコレートを もちあげました
	「よいしょ よいしょ」
	「よいしょ よいしょ」
	銀紙のチョコレートを かかえたねずみは おうちに 帰っていきました
手にもっているものを差し出す	「おかあさん こんなの おちてたの…」
	ぴかぴか光る 銀紙の小さなはこを おかあさんに みせました
後ろに反らせて驚く	「まあ 変なものね」
	おかあさんも チョコレートで あることを しりません
手に受けてのぞき込む。そして首をかしげる	おかあさんは 銀紙の小さなはこを じーっと みました
	すると その銀紙は 遊園地に 落ちていたときに ついた 夜露でぬれていたのです
	おかあさんは それを みると
突然、軽く手を打ってうなずく	「ああ わかった これは お星さまの 子どもよ きっと お空から 落ちてきたのよ それで お空に帰りたいと ないているのですよ」
安心したようにお母さんの顔を見る	「そうか お星さまなんだね」
	一匹の ねずみも そう思いました
	そして お空を みあげて
空を見上げて、両手を丸くして口元にやる	「お星さまの おかあさん! 子どものお星さまを むかえにきてくださぁーい!」
	と 大きな声で よびました

おさらいテスト //

❶ おはなしは、かつて [   ] と呼ばれ、[   ]、[   ]、[   ] は、三大口演童話家と呼ばれている。

❷ おはなしは、すべての [   ] の [   ] となるものである。

❸ おはなしは、[   ] ように話すことが肝要である。

//

おはなしをつくろう

- -

　①～④の季節のなかから一つ選び、そのなかの単語を 3 つ取り上げ（4 つ以上でも可）おはなしのなかに挿入し、おはなしをつくりましょう。その際、タイトルも考え、お互いに発表し合いましょう。

①春：さくら、緑、そよ風、ちょうちょ、友だち、砂場、チューリップ、青空、太陽
②夏：海、スイカ、ひまわり、アサガオ、花火、プール、夏休み、旅行、汗、セミ
③秋：柿、芋掘り、どんぐり、夕焼け、トンボ、秋、山、紅葉、栗、コスモス
④冬：雪だるま、お正月、氷、初詣、凧上げ、カレンダー、大みそか、おもち、スキー

番号		ワード	
題名			

4
コマ目

素話・おはなし

絵本

1. 絵本は子どもの理解力、思考力、イメージ力を引き出す保育環境である。
2. 下準備をすること、姿勢や声の出し方を工夫することで子どもを絵本にひきつける。
3. 絵本という保育教材を行事や日常生活に生かす。

1 絵本とは

　保育所や幼稚園には必ずといっていいほど絵本があります。皆さん、思い出してください。保育所や幼稚園で先生や友だちと一緒に絵本を読んだ記憶はありませんか。なぜ絵本は保育所や幼稚園でよく読まれているのでしょうか。それは、絵本は子どもの視覚的にわかりやすく、子どもにとって取り扱いやすく、子どもの好きなイメージの世界が豊かに表現されているからです。子どもは絵本からさまざまな体験をしています。ストーリーに入り込むこと、登場人物に自分の気持ちを重ねること、自分の知らない世界を知りイメージを広げること、自分の体験からストーリーを憶測すること、絵本で知ったことを自分の生活で表現することなど、まだまだきりがありません。ひざの上に乗せられるような小さな保育環境で無限のイメージが広がり、体験を味わえるのです。このように、絵本は子どもの文化のなかで欠かすことができない存在ということがおわかりいただけるでしょう。

　皆さんが保育環境として絵本を読み聞かせていくことは、子どもの理解力、考える力、はたまたイメージする力の成長につながっていくのです。

2 保育所や幼稚園での読み聞かせポイント

　絵本は家庭でも親しまれていますが、保育所や幼稚園では家庭で読み聞かせるのとは大きく違うことがあります。それは集団に向けて読み聞かせる機会が多いということです。皆さんも実習に行ったときに実感することでしょう。では、集団に向けて読み聞かせるとき、どのようなことに疑問

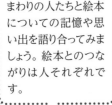

まわりの人たちと絵本についての記憶や思い出を語り合ってみましょう。絵本とのつながりは人それぞれです。

や不安を感じるでしょうか。以下の実習生のミホさんの事例を読みながら、集団保育での読み聞かせポイントについてさまざまな視点から理解を深めていきましょう。

1　絵本の選び方

事例 1　どの絵本を選んだらいい？

ミホさんは実習園でのオリエンテーション時に、担当の保育者から、「子どもたちの前で絵本を読んでもらうから準備しておいてね」と言われました。ミホさんは本屋に行きましたが、たくさんの絵本があり、どれを読んであげればよいのかまったく見当がつきません。ミホさんは、絵本コーナーでだいぶ迷いましたが、思い切って店員さんのおすすめの絵本を購入しました。そして実習時に子どもたちに読み聞かせるのが、とても待ち遠しくなりました。

実習生は、はじめての実習時から絵本や紙芝居を読んだり、ピアノを弾きながら一緒に歌を歌うなど、部分的な担当を任されることがあります。それは緊張や楽しみを感じる時間でしょう。今回ミホさんは、書店で店員のおすすめの絵本を購入して実習に臨むことにしました。絵本を選ぶ際、書店にはたくさんの絵本があるのでどれがよいのか迷うことがあります。そのようなときは、ミホさんのように、おすすめ本から選ぶのはよい選択肢の一つです。たとえば、図書館で借りてくるなら司書のおすすめを選ぶのもよいでしょう。また、実習先の保育者におすすめ絵本を聞くのもよいでしょう。ネットで絵本を出版している会社のホームページや、ママブロガー＊のおすすめ本を検索する方法もあります。さらに、自分が子どものときに好きだった絵本も子どもたちに興味をもってもらいやすいものです。自分が楽しかったと思う場面で子どもたちが笑ってくれたりすると、とてもうれしいものです。古い内容と思いきや今の子ども世代でも共感できる内容だったりと、気づきがあります。たくさん情報を集めておけば、読み聞かせの機会が多くなっても焦らずに対応できます。

2　読み聞かせる前の準備

事例 2　はじめての読み聞かせ

いよいよミホさんの実習が始まりました。初日に担任の保育者が、「ミホ先生、帰りの集まりのときに絵本読んでね」と声をかけてきました。ミホさんは本屋で購入したピカピカの絵本を取り出し、子どもたちに見せました。子どもたちは今まで見たことのない絵本に期待をもった表情で、ミホさんが読み始めるのを待っています。ミホさんが題名を読み上げページをめくろうとした瞬間、うまくめくれず絵本が閉じそうになってしまいました。ミホさんは絵本をもつ手に力を入れ、絵本が閉じないように落ちないように気をつけますが、新しい絵本は開き癖＊がなく、すぐに閉じてき

どのようなおすすめ絵本があるか、調べたり情報交換をしてみましょう。

5コマ目

絵本

🖊 語句説明

ママブロガー

→主に子育ての出来事を自分のブログに書いている女性。

🖊 語句説明

開き癖

→本を大きく開くことで閉じた状態に戻らないこと。読み聞かせのときは、あらかじめ絵本を大きく開いた状態で中心を手でしっかりと押し、開いたままの状態をつくるのがよい。

てしまいます。カバーもずるずるとしてもちづらそうです。ミホさんは開きづらい絵本に気を取られながら、子どもたちに読み聞かせをしたのでした。

事例 2 は、準備不足が原因の失敗例です。ミホさんは、新品を新品のままで子どもたちに紹介したかったのでしょう。しかし、書店で開いておはなしを読むときと、子どもたちの前で絵本を開くときとの違いを考えましょう。書店では、ミホさん一人が絵本と対面していたのに対し、帰りの集まりでは、ミホさんは絵本と並ぶように位置し、多くの子どもに絵が見えるように絵本をもたなければなりません。

新品の絵本を使用するときは、読み聞かせる前にすべてのページをしっかり開いておくことは保育者の基本中の基本です。また、絵本のカバーはあらかじめ外しておきましょう。読み聞かせるときと同じ姿勢で絵本を下読みしておくと、絵本が安定するもち方を把握することができます。

絵本を読む際には、座って片手で絵本をもち、もう片方の手でページをめくることが一般的ですが、大きさや形状によっては絵本を台に乗せたり、絵本の背後に立ち、ページをめくるように読むほうが、子どもたちに見やすいものもあります。子どもたちがおはなしの世界に浸るために、気が散るような絵本の見せ方にならないよう考えましょう。

3 絵本の読み聞かせ方（基本編）

事例 3 先生、絵本がよく見えません

今日は、ミホさんと同じ実習生のチカさんが読み聞かせをしました。ミホさんは座って見ている子どもたちの後方で、同じように座ってチカさんの読み聞かせを観察しました。チカさんがページをめくるたびに子どもたちの頭がちょっとずつ右に左に動きます。また、絵本の 4 分の 1 ほどが、チカさんの頭で絵が見えなくなっています。そして、読みながら次のページをめくろうと準備しているチカさんの腕が絵本の下部を覆っていました。「見えないなぁ…」。チカさんのやり方を観察してみて、ミホさんは改めて読み聞かせの難しさを考えさせられました。

ミホさんは、ほかの人の読み聞かせの姿を客観的に見て気づきを得ることができました。チカさんがページをめくるたびに子どもたちが動くのは、絵本が動いているからです。意識をしていないと絵本をもっている腕が疲れて下に下がったり、文字が見えにくいからと自分のほうに引き寄せていたりすることがあります。

読み始める前に、まずは自分の腕を固定させましょう。どの位置なら絵本がぶれないかを自分で把握しておくことが大切です。腕を少し曲げて脇を締めたほうが楽だったり、自分の肩に少し絵本を立てかけた方がぶれなかったりと、自分なりの感覚で定位置をある程度つかんでおきましょう。

その際、見る側が見づらくなっていないかも意識することが大切です。

　チカさんのように、絵本を思いきりのぞき込むように読んでいると、子どもたちに全体の絵が見えなくなってしまいます。絵本ばかりのぞき込まず、ぜひ、子どもたちの顔を見回してください。全員の目が自分の位置から見えていますか。こちらから見えていないということは、子どもからも見えていないということです。読み聞かせのとき子どもの表情を観察する余裕をもてるように、文字を読むことだけに一生懸命になってしまわないよう、事前に読み込んでおきましょう。また、絵本を読みながら次のページをめくる準備をしておくことは、慌てずにすむ、絵本をめくり過ぎないという観点からはよいのですが、絵を遮ってしまうことにもなります。

　細かい話になりますが、ページをめくるには、向こう側から手前にめくるよりも手前から向こう側にページをめくったほうがきれいに見えるといわれています。おはなしの途中で腕がにゅっと出てくるよりも、新しいページに目を奪われている間に紙を送り出した腕がすっと引っ込んだほうが気にならないからです。一方で、子どもがあたかも自分で絵本をめくっているかのように感じさせるために手を出してめくった方がよいという考え方もあります。どちらが正しいという答えはありません。絵本は右開き、左開きのどちらもあります。また、読み手の利き手もあります。めくりづらくて不安定になるくらいならやめたほうがよいのですが、読み手の意図を入れながらページをめくり、読み聞かせることができたらよいでしょう。

　ほかに、読み聞かせのポイントとして、はっきりとした口調で、ていねいに話をするようにしましょう。緊張のあまり早口になっている実習生をよく目にします。意識してていねいに読んでみようと心がけると、子どもたちには聞き取りやすく、おはなしの世界に浸りやすくなります。さらに抑揚*や緩急をつけたり間をもたせたりと、ページをめくるタイミングを工夫すると子どもたちはグッと引き込まれていきます。

　絵本の本文だけではなく、表紙や裏表紙、表紙裏なども見せましょう。表紙から始まり、表紙裏→本文→裏表紙と１ページずつめくって見せていくのが一般的です。表紙と裏表紙の見開きでイラストが描かれている場合があります。そのようなときは全体が見えるように表紙、裏表紙側も最後に見開いて、子どもたちに見せて、各々のイメージを深めてあげましょう。

　最後に、読み終えた後すぐに「どうだった？」「楽しかった？」と尋ねたり、「だから、仲良くしなくちゃいけないんだよね」などと教訓めいた言葉を発したりせず、絵本の世界の余韻を味わえるようにしましょう。子どもたちのなかから自然発生的に感じたことなどが発せられたら、受け止めればよいでしょう。

　絵本の読み聞かせ方のポイントを、チェックリストの形で図表５-１にまとめました。準備や読み聞かせ時に確認してみましょう。

5 コマ目

絵本

✏ **語句説明**

抑揚

→声を高くしたり、低くしたりと変化をつけること。高い声だと子どもや女性など、かわいらしかったり、明るいイメージ、低い声だと男性や怖い登場人物、緊迫した場面などのイメージとなる。

図表 5-1　絵本の読み聞かせ方のポイント

●チェックしよう

〈準備〉
☐　絵本のカバーを外した
☐　絵本に開きぐせをつけた
☐　下読みをした

〈読み聞かせ時〉
☐　安定したもち方をしている
☐　早口になっていない
☐　絵を遮るような動きをしていない
☐　子どもの表情が見えている
☐　緩急や間をつくり、雰囲気づくりをしている
☐　表紙や裏表紙も見せている
☐　読み終えたあとに感想を求めていない

4　絵本の読み聞かせ方（応用編）

次の事例をみていきましょう。

事例 4　子どもと一緒に絵本の世界を楽しむじゅんこ先生

　今日は、担任のじゅんこ先生が『ぐりとぐら』（なかがわりえこ作・おおむらゆりこ絵、福音館書店、1967 年）の絵本を読み聞かせていました。テンポよく進んでいくおはなしに子どもたちが集中しているのがミホさんにも伝わります。カステラが焼きあがるのを待つ動物たちとぐりとぐらの場面を読んでいるとき、じゅんこ先生はそのページには書かれていない言葉を口にしました。
　「さあできたぞできたぞ　ぐらがおなべのふたをとると…」。次の瞬間、ページをめくり「まあ！　きいろいカステラが」と言いました。絵本からフワフワのおいしそうなカステラが目に飛び込んできました。子どもたちは息をのむようにそのページを見つめ、うわぁと声をあげる子もいました。

　実はじゅんこ先生は、フワフワの大きなカステラが出来上がった瞬間の感動を味わってもらいたくて少しだけ読み方をアレンジしていました。ミホさんが気づいたそのページに書かれていなかった言葉は、次のページのはじめに書かれていたものでした。もし、絵本に書いてあるとおりに読み進めていくと大きなカステラが目に入ったときに、「さあできたぞできたぞ　ぐりとぐらがおなべのふたをとると　まあ！　きいろいカステラが」となります。文章では、これからお鍋のふたを取るところから始まりますが、イラストでは、お鍋のふたが取れています。ちょっとした時差があるところをじゅんこ先生は文章を少し暗記しておいて、お鍋のふたを取った瞬間の、「まあ！　きいろいカステラが」の言葉とイラストのタイミングを一致させて、ページをめくっていたのです。この瞬間、子どもたちは、カステラが焼き上がるのを待ちわびていたぐりとぐら、動物たちと同じ気

別の箇所で文章を区切ってページをめくったらどのように見えるか試してみてください。お話の印象が変わって見えることがあります。

持ちでカステラができ上がった感動を味わえたことでしょう。絵本は作者の思いや意図がありますので、そのまま読むことはもちろん大事ですが、ちょっとした工夫やアレンジをして絵本の魅力を伝えるのも楽しいものです。

3　乳児と絵本

　皆さんは、乳児（3歳未満児）に絵本は必要だと思いますか。乳児はまだ文字が読めませんし、物語を理解することは難しい段階です。乳児向けのさまざまな玩具があるなかで、あえて絵本を与える必要があると思いますか。次の事例を通して、考えてみましょう。

事例5　スキンシップとしての絵本

　ミホさんは、今日から乳児クラスの実習に入ります。まずは0歳児クラスを担当します。まだ寝ているばかりの子どもから歩き始めた子どもまでさまざまな月齢、さまざまな発達段階の子どもたちが、部屋でゆったりと過ごしています。タオル地でつくられたぬいぐるみややわらかいボール、シンプルなブロックや音の鳴る玩具など、大人もいやされるような赤ちゃん用のおもちゃがあちらこちらにあり、子どもたちは、それを自由気ままに手に取り遊んでいました。そんななか、担任の小沢先生が1冊の小さな絵本を棚から取り出し、あきちゃんの隣に座り一緒に絵本を見始めました。まだ言葉を発しないあきちゃんですが、小沢先生の問いかけや身振り手振りに笑いながら反応していました。楽しそうな雰囲気にほかの子どもたちも数人集まり、皆で食べるまねや動物の鳴きまねをしていたのでした。

お互いに読み聞かせをしてみましょう。客観的に見せ合うことでよかった点や改善点に気づけます。

5コマ目　絵本

1　0歳児と絵本

　ほとんどの保育所では、0歳児から絵本にふれあう機会があります。保育においては、絵本を使う目的を、スキンシップの一つとしてとらえています。文字が読めるように、ストーリーを理解させるためにとは考えていません。そのため皆さんが乳児に絵本を読もうとする場合にも、絵本を通してスキンシップやコミュニケーションが図れるようなものがよいでしょ

『いない いない ばあ』
松谷みよ子 ぶん　瀬川康男 え
童心社　1967年

『ぴょーん』
まつおかたかひで　ポプラ社　2000年

う。身近な食べ物や乗り物、動物の絵本は0歳児にも人気です。また、0歳児向けの絵本は、文字やページ数が少なく、イラストや内容がシンプルなものが多いです。なんでも口に入れたり放ったりする年齢ですので、「ダメ！」と頭ごなしに言うのではなく、なめたりしても丈夫ですぐに拭いたり洗ったりできるボードブック*や布絵本を用意したり、放り投げたりして危ない場合は棚のなかにしまっておき、必要に応じて絵本を出すなど環境を工夫しましょう。

2　1歳児と絵本

　1歳くらいになると、簡単な短いおはなしを理解できるようになります。生活に密着したしつけ絵本*もおもしろがるようになりますが、しつけ絵本を楽しむからといって子どもの生活が変化するかといえば、そうではないことも多いです。絵本を読んだから野菜好きになったり、早寝したり、イヤイヤしなくなるわけではありません。「イヤイヤしてたら鬼が来るって書いてあったでしょ！」なんて脅すことは避けましょう。しつけ絵本を気に入ったことで、行動が変化してくれることもたまにはあるというような姿勢で、まずは親しんでもらうことが大切です。

　また1歳児になると、保育者が絵本を読み聞かせるだけではなく、子ども自身がもち歩き、お気に入りのスペースで一人じっくりながめているなどということもみられます。子どもが気軽に手に取れるような絵本棚や箱を用意しましょう。

『おしっこ おしっこ どこでする？』
レスリー・パトリセリ え・ぶん
おおはまちひろ やく
パイ インターナショナル　2016年

『ねんねのじかん』
レスリー・パトリセリ え・ぶん
おおはまちひろ やく
パイ インターナショナル　2018年

3　2〜3歳児と絵本

　2〜3歳くらいになると、ストーリーを頭のなかでイメージできているなと感じるような姿がみられます。たとえば、『3匹のこぶた』や『三び

『三びきのやぎのがらがらどん』
マーシャ・ブラウン え
せたていじ やく
福音館書店　1965年

きのやぎのがらがらどん』など、ストーリーが繰り返されているものは子どもにとってわかりやすいようです。読み終えた後に子どもたちが遊びにしていたり言葉であらすじを話そうとする姿から、おはなしを理解していることがうかがえます。そのため、このくらいの時期から、絵本はスキンシップやコミュニケーション以上の魅力ある保育環境になり得ます。子どもたちがいろいろな絵本に親しめる機会をたくさんつくってあげましょう。

4　幼児と絵本

　幼児になると、少し長いストーリーや展開の多いおはなしなども楽しめるようになります。文字に興味をもち、イラストと文章を照らし合わせるように読む子も出てきます。図鑑や間違い探し絵本などは、友だちと一緒に複数人で共有しながら楽しむことができます。集団に読み聞かせる、小グループの遊びのなかで読む、個々に読むなど、絵本はさまざまな場面で使われるようになります。いつでも子どもたちが手に取れるように、コーナーに設定しましょう。絵本は、年間を通して本棚に入れておくものと、季節や時期、子どもたちの興味や関心に合わせて入れ替えておくものとで区別することを意識します。たとえば、冬の時期に、夏の絵本を入れたままにするのではなく、冬ならではの自然や行事を感じられる内容の絵本を設定しておいたほうが、より子どもの生活の一部として手に取りやすくなります。次の事例では、さまざまな場面での絵本と子どもたちの関わりを紹介していきます。絵本を有意義な保育環境とするか、活動の合間の時間つぶしの道具とするかは、保育者の考え方、使い方で変わってきます。ぜひ、有意義な保育環境として生かしてください。

事例 6　同じ絵本なのに

　ミホさんの実習園では、もうすぐクリスマス発表会が行われます。4歳児クラスのきりん組とうさぎ組が合同で『てぶくろ』の劇遊びを発表することになりました。『てぶくろ』は、冬の森を犬と歩いていたおじいさんが手袋を片方落としたまま去っていったあと、次々と森の動物たちが現れ、その手袋に入っていくストーリーです。最初は小さな動物から、徐々に大きな動物たちがやってきます。子どもたちは「入れてください」「どうぞ」の繰り返しのやりとりや、ぎゅうぎゅうに詰まっていく手袋の状態をとても喜びます。

　ある日きりん組では、帰りの集まりのときに担任の保育者が、『てぶくろ』の絵本を子どもたちに向けて読みました。一方、うさぎ組の担任の保育者は、いつもごっこ遊びをしている小グループの子どもたちに「ね、おもしろいおはなしがあるの」と声をかけ『てぶくろ』を読んだあと、お面やついたてを出し、てぶくろごっこを仕掛けていました。帰りの集まりのときには小グループで遊んでいた子どもたちが、「温かいてぶくろがあるので遊びに来てください」と日中の遊びの様子を、ほかの友だちに伝えていま

5
コマ目

絵本

した。

　その翌日、きりん組では全員で『てぶくろ』ごっこをしました。なりたい動物を自分で選びながら繰り返し遊んでいました。お面を自分たちでつくり、興味を深めていました。一方、うさぎ組では、『てぶくろ』に興味をもった子どもたちが参加し、てぶくろごっこでにぎわっていました。そして、帰りの集まりのときに、今度はうさぎ組の担任の保育者が全員に、『てぶくろ』の絵本を読み聞かせていました。

　数日後、どちらのクラスも子どもたちは『てぶくろ』のストーリーを理解し、動物になりきってやりとりを楽しむ姿がみられていました。

　一連の流れを観察していたミホさんは、「同じ絵本を使っているのに、劇にしていくためのやり方は違っていておもしろいな」と感じたのでした。

　事例6は、行事の導入として絵本を活用しています。きりん組では、子どもたちに一斉に読み聞かせることで一度に全員に『てぶくろ』のおはなしを知らせることができ、劇あそびへ一気に発展しました。

　うさぎ組では、子どもたちの遊びから『てぶくろ』を導入することで、遊びから自然発生的に劇あそびへ発展しました。その際、興味をもっていなかった子どもへの配慮として、あとから全員に『てぶくろ』の絵本を読んでいました。どちらにも正解不正解はなく、またほかにも導入の仕方はあります。同じ絵本でも、保育者のやり方しだいで子どもたちの体験内容は変わっていきます。

事例7　ぼく、お兄ちゃんになる

　3歳児クラスのしんちゃんのお母さんはまもなく出産を控えています。最近、しんちゃんはちょっとしたことで泣いたり、ぐずったりします。どうやら赤ちゃんが誕生することへの不安があるようです。担任の田辺先生はそのことに気づくと、「今日はこの絵本を帰りに読むことにするね」とミホさんに言い、『おへそのあな』という本を読みました。田辺先生は読み終えたその絵本を「この棚に入れておくから好きなときに見てね」と子どもたちの本棚に入れました。翌日、しんちゃんは登園するとすぐに本棚に行き、『おへそのあな』を手に取ると「先生、読んで」と実習生のミホさんのところにやってきました。しんちゃんは静かにおはなしを聞いていました。翌日もその次の日も、しんちゃんは登園すると一番にその絵本を「読んで」ともってきました。そしてしんちゃんは、「赤ちゃんは、ぼくのことおへそのあなから見てるの?」「ぼく、お兄ちゃんになるの」「赤ちゃんが見てるから泣かない」「ママのおへそから赤ちゃんにおはなししたの」と、少しずつ赤ちゃんの誕生に対し受け入れようとする言動が出てきました。

　事例7では、田辺先生は絵本を皆の前で読みましたが、明らかにクラス全体ではなくしんちゃんに向けて伝えていました。このようなときには、もちろん一対一で読み聞かせてあげるのもよいのですが、今回は全員の前で読むことで、ほかの子どもたちや先生にもお話の共有をしました。この

ことにより、ほかの子どもたちも赤ちゃんの誕生に興味をもったり、担任の保育者以外の保育者も、しんちゃんの様子をフォローしやすくなりました。この事例には続きがあり、しんちゃんが毎朝『おへそのあな』を見ていることがわかったまわりの子どもたちが、しんちゃんが泣いたときに、そっとこの絵本をもってきて差し出していました。絵本はときとして心の安定剤になり、人とのつながりをつくります。

事例 8 　いろいろな『エルマーのぼうけん』

　5歳児クラスでは、『エルマーのぼうけん』シリーズがブームです。担任の直子先生が毎日少しずつ読み進めてきました。最初、子どもたちは本の挿絵を見ながらおはなしを聞いていましたが、最近は手づくりの冒険マップをながめながらおはなしを聞いています。途中から実習でクラスに入ったミホさんには、『エルマーのぼうけん』の内容がよくわかりませんでした。すると子どもたちが、思い思いにりゅうや冒険している島々の様子をスケッチブックに描いて、ミホさんに見せてくれました。それらは似通っているものの、同じものではなく、ミホさんは、「子どもたち一人ひとりのイメージは違うんだな…」と感心したのでした。

　4～5歳になると、少し長いストーリーを楽しめるようになります。イラストを見ずにおはなしの世界をイメージすることもできるようになります。同じストーリーを聞いているのにイメージしている世界は子どもによりさまざまです。挿絵と違うなどと否定せず、一人ひとりの世界観を受け止め、大切にしてあげましょう。また、一人ひとりのイメージをまとめて、大きな遊びにつなげていくこともできます。劇遊び、運動遊び、製作、冒険ごっこなど別の表現方法で遊びが広がれば、『エルマーのぼうけん』は子どもたちにとって一層魅力的な本となることでしょう。

　以上のように、実習生のミホさんは、実習園で子どもと絵本のさまざまな関わりを知ることができ、ミホさん自身も絵本との関わり方を学ぶことができました。事例はあくまで一例であって正解例ではありません。皆さんも実習園、勤務園で多くの絵本と子どもの姿にふれ、自分なりに絵本の魅力を知り、保育環境として活用してください。

おさらいテスト //

❶ 絵本は子どもの理解力、思考力、[　　　　　]力を引き出す保育環境である。

❷ [　　　　　]をすること、[　　　　　]や声の出し方を工夫することで子どもを絵本にひきつける。

❸ 絵本という保育教材を[　　　　　]や日常生活に生かす。

//

プラスワン

『エルマーのぼうけん』
少年のエルマーが、野良猫から聞いた可哀相なりゅうを助けるため冒険に出かけるストーリー。

5コマ目
絵本

プラスワン

劇遊び、運動遊び、製作、冒険ごっこ
巧技台を使って、川や山に見立てて冒険を楽しむ運動遊び、登場人物になりきるための帽子やお面、望遠鏡、地図などの小道具製作、屋外の木々や遊具を島に見立てて友だちと遊ぶ冒険ごっこなど、いつもの遊びに『エルマーのぼうけん』の要素をちょっと加えるだけで遊びに変化が生まれる。

絵本を探そう

保育のねらいに合った絵本を探してみましょう。

①季節を感じる絵本
　　例：『そらまめくんのベッド』（なかやみわ さく・え、福音館書店、1999年）

[
　　　　　　　　　　　　　　　　　　　　　　　　　　　　　　　　　　　　]

②色、形、数字、文字に親しむ絵本
　　例：『くれよんのくろくん』（なかやみわ さく・え、童心社、2001年）

[
　　　　　　　　　　　　　　　　　　　　　　　　　　　　　　　　　　　　]

③皆で笑い合える絵本
　　例：『へんしんトンネル』（あきやまただし 作・絵、金の星社、2002年）

[
　　　　　　　　　　　　　　　　　　　　　　　　　　　　　　　　　　　　]

④ドキドキワクワクする絵本
　　例：『あらしのよるに』（きむらゆういち 作、あべ弘士 絵、講談社、2000年）

[
　　　　　　　　　　　　　　　　　　　　　　　　　　　　　　　　　　　　]

⑤しつけやマナー、ルールを伝える絵本
　　例：『はみがきあそび』（きむらゆういち さく・え、偕成社、1998年）

[
　　　　　　　　　　　　　　　　　　　　　　　　　　　　　　　　　　　　]

絵本を読み聞かせ合おう

- -

　友だちやクラスメートと絵本の読み聞かせ合いをしてみましょう。聞き手側はできるだけ子どもと同じ視線になるよう座り、52頁のチェック項目を参照しながら読み手の様子を観察しましょう。また、気づいたことを以下にまとめ、伝え合いましょう。

5
コマ目

絵本

紙芝居

1 紙芝居の歴史

　皆さんにとって紙芝居とはどんなものでしょうか。いつの時代にどのような場面で触れましたか。おそらく保育所や幼稚園、図書館などで大人に読んでもらったという答えが一番多いのではないでしょうか。紙芝居は絵本と同様、保育所や幼稚園では人気の児童文化財です。紙芝居には絵本とは異なる、興味深い歴史があります。紙芝居の歴史に触れてみましょう。

　紙芝居は1930（昭和5）年頃に広まったとされています。街頭で子どもに水飴を売り、買ってくれた代わりとして紙芝居を読んでいました。つまり、大人が駄菓子を売り、収入を得るための人集めとしての道具だったのです。もしかすると皆さんも紙芝居と舞台を自転車に乗せ、拍子木を鳴らしながら子どもたちを呼び集め、大人が子どもたちを前に紙芝居を読んでいる風景を、テレビなどで目にしたことがあるかもしれません。

　その頃の紙芝居の内容にはあまり教育的要素はなく、子どもの興味を引くために刺激的な色使いや怪奇的なストーリー、好ましくない言葉遣いや表現も多々あったようです。また、大まかなあらすじはありましたが、子どもの反応に合わせてストーリーを変え、おもしろおかしくしていました。さらに戦時中には、戦争協力のために紙芝居が使われました。

　戦後になると、紙芝居の魅力を教育環境にも取り入れようとする流れが出てきました。もともと街頭紙芝居は品がなく、教育には不向きという風潮だったため最初は受け入れがたいものだったようですが、少しずつ保育界で保育者が手づくり紙芝居を製作し演じるなどして、紙芝居が保育現場で取り入れられるようになりました。1948（昭和23）年には、文部省（当時）制定の「保育要領」に、はじめて紙芝居は保育材料として位置づけられました。

　現在では街頭紙芝居はめったに見られなくなりましたが、保育所や幼稚

紙芝居は当時の子どもたちの娯楽でした。

プラスワン

教育目的の紙芝居

子どもにとって紙芝居は魅力的であった。そこで紙芝居の魅力を生かし、教育目的とした内容の紙芝居をつくる動きが生まれた。先駆けとして、今井よねの『福音紙芝居』や高橋五山の『幼稚園紙芝居』などがある。

皆さんが幼児期に親しんでいた紙芝居が、最初は街頭での客寄せ道具であっただなんて、おもしろいと思いませんか？

園、図書館などで活用されています。

2　絵本と紙芝居の違い

　保育所や幼稚園において、絵本と同様に親しまれている紙芝居ですが、絵本と紙芝居に違いはあるのでしょうか。現役の保育者はあまり違いを意識することなく読み聞かせている人が多いかと思いますが、絵本と紙芝居の文化的特徴からみると、違いがあるという考え方もあります。

　絵本は、作者の世界観のなかに入り込み、読み味わうものとされています。そのため、個々や少人数で、自分たちのペースでページをめくり読むのに適しているといわれ、集団で読んだあとでも、「どうだった？」などと声をかけずに、個々が絵本の世界の余韻を味わえるようにするのがよいといわれています。

　一方、紙芝居は、その名のとおり「芝居」です。紙芝居の裏面に書かれている読み手の文章には、「歌うように」や「か細い声で」などの演じ方が書かれています。紙芝居では、役によって声色を変えたり、ストーリーに合わせて場面を変えるスピードを調整します。手元に小舞台があり、役者から音響、場面転換などすべてを一人で演出して見せるという感覚が必要です。そして、読み手が一方的に話し進めるばかりではなく、聞き手に問いかけたり一緒に声を出させたりしながら、紙芝居の世界に共感させていきます。それがもともとの紙芝居の演じ方とされています。

　保育現場では、それほど絵本と紙芝居の読み聞かせ方に違いはみられないかもしれませんが、絵本と紙芝居の特徴を知ることで、子どもたちへの読み聞かせ方は深まりのあるものになることでしょう。

6コマ目　紙芝居

3　紙芝居の準備

　紙芝居の多くは、8場面、12場面、16場面で構成されています。8場面の紙芝居は、やさしいストーリーやシンプルなイラストのものが多く、乳児向きです。12場面以上の紙芝居はストーリーが長く、8場面のものより場面転換や登場人物、内容の富んだものが多く、幼児向きです。12場面だから乳児には読み聞かせるべきではないと決まっているわけではなく、柔軟にとらえつつ、読み聞かせる子どもの年齢や人数、集中力などにより選び分けましょう。

　子どもたちに読み聞かせる前に必ずケースから出し、下読みをしておきましょう。まれに紙芝居の順番が間違っていて、気づかずに文章と絵が合わないまま読み進めてしまうことがあったり、紙を一度に2枚抜いていたということもありますが、下読みをしていればすぐに気づきます。また、紙芝居にはさまざまな注釈が書かれています。誰のセリフなのか、どのように話すのか、どのタイミングで紙を抜くのかなど細かく書いてあります。一つの芝居を演じ切るために大事な情報ですので、ていねいに読み込んでおきましょう。

　写真6-1のように、表面は上から順番に並んでいます。途中で抜けていないか、順番が間違えていないか確認しましょう。

写真6-1　紙芝居の表面

写真6-2　紙芝居の裏面

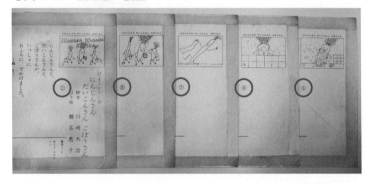

また裏面を見ると、写真 6-2 のようになっています。1 枚目は①ですが、2 枚目からは最終ページ番号から逆順番に並んでいます。表面で順に揃えると、このような並びになるのです。

4　紙芝居の場の設定

紙芝居の準備を万全にしたあとは、子どもたちが紙芝居に集中できる環境を考えてみましょう。これは、絵本の読み聞かせにも共通する部分があります。子どもたちが紙芝居を落ち着いて見ることができるように、次のことに配慮しましょう。

1　子どもの座る位置

一般的に、保育者の視野内に収まる位置に座らせるようにします。紙芝居を取り囲むように、扇状に座るのが子どもにとっても保育者にとってもお互いに見やすいとされています。まれに、横 1 列に長く座らせている園がありますが、端に座っている子どもは絵がとても見づらいはずです。また、一番前を陣取りたくて保育者とひざを突き合わせるような位置で座ろうとする子どももいますが、読み聞かせる位置に近過ぎず、適度な距離を保ったところに集まらせる、いすを並べるなど配慮することが必要です。さらに、前に座っている子どもと後ろに座っている子どもが重なっていないか確認しましょう。全体をざっと見まわしたときに、子どもの顔が必ず一人ひとり見えているはずです。座っている状態がよければ、子どもは集中して話を聞くことができます。

2　紙芝居の位置

紙芝居は、子どもたちの視線より少し上部の位置にします。子どもたちからやや見上げる位置になります。つまり、高過ぎず、低過ぎない位置です。手でもつよりも台などに置いたほうが安定します。また、紙芝居の後方がまぶしかったり雑然として、視線が後方に奪われることのないようカーテンや布で遮ったり、保育者が壁を背に座るなどしましょう。

集団の前で読み聞かせるときの子どもの座らせ方は紙芝居に限らず、絵本の読み聞かせでも同様です。

6 コマ目　紙芝居

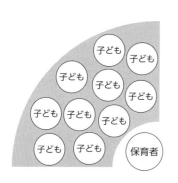

紙芝居舞台は必要？

　紙芝居といえば、紙芝居を入れている箱のような枠のようなものを
イメージする人もいるのではないでしょうか。「紙芝居舞台」や「紙
芝居枠」などと呼ばれていますが、保育所や幼稚園での読み聞かせに
おいてこの舞台は必要でしょうか。紙芝居舞台は、街頭紙芝居のおじ
さんが使っているイメージでしょうか。実は、舞台はあってもなくて
も読み聞かせはできます。つまりどちらでも問題はないといえるので
すが、紙芝居の世界をより深く味わいたいならば、舞台を使ったほう
が断然よいといえます。皆さんも、大好きなアーティストの演劇やコ
ンサートを観に行ったときの舞台のカーテンが開く前のワクワクし
た気持ち、また、カーテンが閉まったあとの名残惜しさや高揚を感じ
たことがあるのではないでしょうか。紙芝居舞台にはそれと同じよう
な効果があります。子どもたちは、紙芝居舞台の扉の開閉までしっか
りと見ています。

　今は、図書館でも紙芝居を手軽に借りられるようになり、家庭でも
紙芝居を読み聞かせることができます。しかし、紙芝居舞台を使って
いる家庭はまれでしょう。以前、ある保護者から「うちの子が、"先生
の紙芝居はすごいんだよ、きちんと箱に入ってて、始まりでドアが開
いて、おしまいでしまるんだから"と言って、すごく楽しみにしてる
んです」と言われました。子どもたちが、紙芝居舞台にも憧れをもっ
て見ているんだな、と感じた出来事でした。もし実習園や、勤務園で
紙芝居舞台があれば、積極的に使ってみましょう。

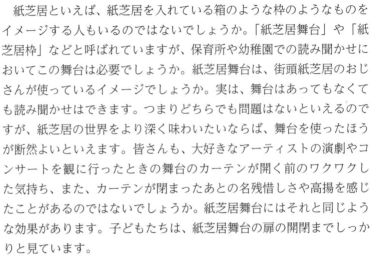

紙芝居舞台

5　紙芝居の演じ方

　紙芝居舞台を使って紙芝居を読む場合は、あらかじめ舞台のなかに紙芝
居はセットしておきましょう。そして扉はきちんと閉じておきます。セッ
トしておいた舞台を部屋に置いておくときは、扉側が子どもに見えるよう
な向きで置いておきましょう。舞台であれば、お客さまに舞台裏は見せま
せん。子どもたちも紙芝居舞台が置いてあるのがわかると、「今日は紙芝
居読む？」「今日のお話なあに？」と扉の向こうの世界に思いをはせて楽し
みにするものです。

1　保育者の位置

　紙芝居舞台がある場合は、紙芝居を抜く側に保育者は位置しましょう。
一般的には、舞台の右後ろ（子ども側から見ると左後ろ）になります。舞台
を使わず、かつ紙芝居を手にもつ場合は、左手で紙芝居の下中央部をもち

支え、右手は紙芝居右側（子ども側から見ると左側）をもち支えたり、紙を抜いたりします。子どもたちと向かい合うようにして、子どもたちの表情や反応を見ながら読みましょう。もともと紙芝居では、子どもの反応によって脚本以外のセリフを織り交ぜ盛り上げていました。保育所や幼稚園では、そこまで演じなくてもよいでしょうが、子どもの様子を見ることは大切です。紙芝居や紙芝居舞台の後ろに隠れて読むと声が届かず、子どもの表情が見えなくなってしまいます。

2 紙芝居の読み始め

　紙芝居舞台がある場合は、舞台の裏側を子どもに見えないようにしながらもち運び、子どもの見やすい位置に置きます。扉がない舞台の場合は、始まるまで布をかぶせておくと期待感が高まります。舞台がない場合は、表紙を伏せた状態で持ち運び、読み始めるときにパッと表紙を見せてもよいでしょう。

3 紙芝居の読み方

　紙芝居は、「読み聞かせるものではなく演じるものだ」という人がいます。登場人物になりきって身振り手振りを加えたり、小道具を使って効果音を出したりして舞台を盛り上げるのが、読み手の演じ方だという考えです。紙芝居を演じることで、子どもたちの喜びを引き出していきます。保育所や幼稚園の子どもたちの前で、大げさな立ち振る舞いはしなくても、気持ちを込めて「演じる」ことを意識して読んでみると、きっと紙芝居のおもしろさが子どもたちに伝わるでしょう。

① 導入

　紙芝居舞台を子どもの前に置くなど、読み始めの環境が整ったら、せっかくですので簡単な手遊びや紙芝居のストーリーにちなんだおはなしをしてみましょう。もともとは拍子木をカンカンカンと鳴らすのがならわしで、拍子木の音は紙芝居の世界が始まる合図でした。子どもたちが保育者の方に気持ちが集中してきている、と感じられたらいよいよスタートです。

② 語り方

　3枚扉の紙芝居舞台を使っている場合、扉は最初に左右を開きます。せ

写真6-3　3枚扉の開き方

①左右の扉をていねいに最後まで開く。
②上部の扉を開く。

かせかと開くのではなく、ていねいにしっかり最後まで開きます。子ども
の気持ちになって想像してみてください。少しずつ舞台のなかが見えてく
るとちょっとじらされているようで、早く全体を見たいなという気になり
ませんか。

　また、扉は最後まで開かないと、端にいる子どもに舞台のなかが見えま
せん。左右の扉を開いたら最後に上部の扉を開きます。ほとんどの紙芝居
の題は上部に書かれています。3枚目の扉を開くことで題が見え、子ども
たちがグッと紙芝居に集中することができます。

　紙芝居舞台の扉を開いたらまずは題を読みます。続けて作、絵を読みま
すが、省略していることもあります。紙芝居を語り進めていくときは以下
のことに配慮しましょう。

・早口にならない
　絵本を読み聞かせるときも同様ですが、意識してややゆっくりめで
語り進めましょう。多人数の前で話をするときは、少人数で話すとき
よりもゆっくりめのほうが声は伝わりやすいといえます。

・間を取る
　大人数の前で緊張することもあるでしょうが、ほどよく間をおきま
しょう。脚本のなかにも（間）と書かれていることがあります。一気
に語り進められると、聞き手は自分のなかで十分にイメージを膨らま
せる前にストーリーが展開していくので、紙芝居の世界を堪能できず
に終わってしまうことがあります。間の取り方がわからないという場
合は、語っている最中にちょっとした区切りのところで、子どもたち
の顔を見回しましょう。その瞬間が「間」となりますし、子どもたち
の表情を確認することもできます。

・明るく相手に届く声量で語る
　ぼそぼそとか細い声で語っていては、せっかくの紙芝居が台無しで
す。明るく歯切れよく語りかけましょう。保育者自身が紙芝居の登場
人物の気持ちになりながら語れば、自然と紙芝居の雰囲気に合った声
が出てくるものです。

・声色を意識しすぎない
　紙芝居を演じるならば、と張り切って登場人物ごとに声色を七変化
させて語り過ぎないようにしましょう。皆さんは七色の声をもつ声優
をめざしているわけではありません。声の使い分けに気を取られ、内
容に集中できないようでは元も子もありません。自分自身の声で、言
いまわせば十分です。

---

③ 紙芝居の抜き方
　紙芝居ならではの独特な表現方法に、紙芝居の抜き方があります。声の
トーンやスピードでメリハリをつけてストーリーを表現する方法は、絵本
の読み聞かせでも使いますが、抜き方は紙芝居でしか表現できません。
　紙芝居は、紙を1枚1枚抜くことによってストーリーが展開していきま

す。その「紙を抜く」という操作に変化を与えることで、ストーリーがより魅力的になります。おおむね脚本のなかに指示がありますので、その指示通りに抜くとよいでしょう。いくつか紹介します。

・さっと抜く

　緊迫した場面でよく見られます。次々とストーリーが展開していく場面でも使われ、もたつかず、慌てず、テンポよく抜きましょう。慌てて紙芝居がばらけてしまったり、もたついて緊迫場面に変な間ができてしまうことがないよう練習しておきましょう。

・ゆっくり抜く

　次の展開はどうなるかな、と期待させたいときによく使われています。もったいぶって、じらして子どもたちと駆け引きを楽しむようにすると盛り上がります。

・途中まで抜いて止める

　この操作では、引き抜く場面と次の場面の 2 つの絵を合わせて使い、一つの場面を表現することができます。たいてい脚本のなかに太線が書かれていたり、「2 分の 1 まで抜いて止める」などと書かれていますので、その通りに操作すればよいのです。抜き方が足りないと、話の展開と合わないことがあります。また抜き過ぎると、場面が見え過ぎて次の展開や結末がわかってしまいます。練習のときに、子どもたちからはどのように見えているか自分の目でも確かめましょう。

それでは、ここから実際に紙芝居を読んでみましょう。

『ぼたもちばあさん』

ばあさんが近所の人から重箱でぼたもちをもらいました。すぐに食べたかったのですが、今からお寺に行かなければなりません。留守の間によめさんが見つけて食べてしまっては困ります。そこで、ばあさんは重箱のふたを開けぼたもちにこう言いました。「もし、よめさんがお前らを食べようとしたらカエルになれ。カエルになるんやで。」ばあさんは何度もぼたもちに言い聞かせてお寺に行きました。ばあさんがお寺に行ってしばらくするとしょっちゅうばあさんに意地悪をされているよめさんがそろそろとやってきました。「また、ぼたもちを独り占めする気かいな。」そーっと重箱を棚から出します。

出典：国松俊英脚本、川端誠画『ぼたもちばあさん』童心社、1996 年

写真6−4　『ぼたもちばあさん』の裏面

ここで「−線までぬいて−」の指示通り抜きます。

写真6−5　紙芝居を半分だけ抜いた場面

（脚本）

「ぼたもちが、カエルに
ばけとったらいややな。」
よめさんはこわごわ
じゅうばこのふたをあけた。

−のこりぬきながら−

「お、だいじょうぶや、
まだカエルになってへん。」

写真6−6　紙芝居を全部抜いた場面

よめさんがぼたもちをおい
しそうに食べる場面が現れ
ました。

　こわごわとしたよめさんの表情が一気に変わりました。見ていてどのように感じましたか。この場面は紙をちょっと抜き過ぎると口の中のぼたもちが見えてしまい、続きの展開が変わってしまうので、抜き過ぎに注意が必要です。

④ 子どもたちとのやりとりを楽しむ

　紙芝居のなかには、子どもたちが一緒に参加して一体感を味わったり子どもたちとやりとりをしながら語り進めるものもあります。大いに盛り上げ、保育者自身も楽しみましょう。

写真 6-7　脚本のなかの子どもたちとのやりとりへの指示

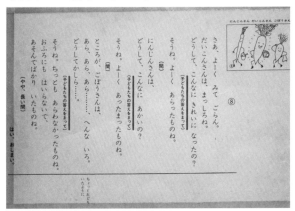

出典：川崎大治脚本、瀬名恵子はり絵『にんじんさんだいこんさんごぼうさん』童心社、1969年

4　紙芝居の終わり方

　脚本の最終場面を読み終えたら、「お、し、ま、い」で終わりにします。表紙に戻してからおしまいにする場合もあります。そして 3 枚扉の舞台は、読み始めとは逆の順番で扉を閉じていきます。ここで紙芝居の世界が閉じられます。読み終えたあとに軽くやりとりをしてもよいでしょうが、内容についてあれこれ問いかけたり、感想を引き出さないほうが余韻を楽しめます。最近の紙芝居は、しつけやマナー、安全などをテーマとしているものも多く出ているので一概にはいえませんが、「おもしろかった」で終わるのがそのはじまりから現在まで根底にある紙芝居の演じ方でしょう。

おさらいテスト

❶ 紙芝居は昔、[　　　　　]として子どもに人気があった。

❷ 紙芝居は [　　　　　]をきちんと整えることで、演じたときに盛り上がる。

❸ 演じる際は、紙芝居ならではの特徴的な [　　　　　]を生かすことが大切である。

紙芝居を順に並べよう

　紙芝居を1セット用意し、一度、その紙芝居を切り混ぜてください。その後、正しい順に並べ直しましょう。表面、裏面どちらも挑戦してみましょう。紙芝居を読む前だけでなく、読んだあとも順を確認して片づけるのがマナーです。

ヒント：62-63頁を確認してみましょう。

演習課題

さまざまな役や場面を演じてみよう

　紙芝居は演じるように語ることに魅力があります。以下の登場人物や場面はどのような言い方をしたらそれらしく聞こえるでしょうか。声の高低、スピード、抑揚などさまざまな視点でそれぞれ考えてみましょう。また、お互いに見せ合って感想を聞いてみましょう。

①男性の声
[　　　　　　　　　　　　　　　　　　　　　　　　　　　　　　　　]

②女性の声
[　　　　　　　　　　　　　　　　　　　　　　　　　　　　　　　　]

③子どもの声
[　　　　　　　　　　　　　　　　　　　　　　　　　　　　　　　　]

④若者の声
[　　　　　　　　　　　　　　　　　　　　　　　　　　　　　　　　]

⑤老人の声
[　　　　　　　　　　　　　　　　　　　　　　　　　　　　　　　　]

⑥うれしいとき
[　　　　　　　　　　　　　　　　　　　　　　　　　　　　　　　　]

⑦悲しいとき
[　　　　　　　　　　　　　　　　　　　　　　　　　　　　　　　　]

⑧怒っているとき
[　　　　　　　　　　　　　　　　　　　　　　　　　　　　　　　　]

⑨緊迫した場面
[　　　　　　　　　　　　　　　　　　　　　　　　　　　　　　　　]

⑩秘密めいた場面
[　　　　　　　　　　　　　　　　　　　　　　　　　　　　　　　　]

⑪静かな場面
[　　　　　　　　　　　　　　　　　　　　　　　　　　　　　　　　]

　解答例としては、①低めの声、太い声など、②高めの声、やわらかい声などがあります。特に正解はなく、それぞれ自分なりにイメージをつくることができればよいです。そのイメージを実際の紙芝居を演じるときに活用してください。

6
コマ目

紙芝居

劇遊び①：ペープサート・エプロンシアター®

今日のポイント

1. ペープサートやエプロンシアター®の原理を知る。
2. ペープサートの特徴は、裏表の妙である。
3. エプロンシアター®は、キルティング、フェルト、マジックテープ®が三種の神器である。

1　ペープサート

1　ペープサートの歴史

　ペープサートという言葉は、和製英語です。すなわち、<u>P</u>aper <u>P</u>uppet <u>T</u>heater（ペーパー・パペット・シアター）のそれぞれの頭文字をとり、つなげた言葉です。紙でつくった人形劇、紙人形芝居のことをいいます。

　ペープサートは、古くは江戸時代の「写し絵」（図表7-1）にその起源を求めることができます。ガラス板に絵を描いてそれに光を当てて、その絵をスクリーンに映し出すものでした。納涼船のふだんの客の余興として演じられていましたが、余興の時期が終了すると寄席*専門になり、子ども向けの見せ物という形でも演じられました。

　一方、「のぞきからくり」も江戸時代中期に渡来しました。「のぞきからくり」とは、屋台の前面に3〜4個のガラスが取りつけられていて、それをのぞき込むと小さな舞台があり、そこに数枚の絵がはり出され、その絵に対する説明が独特の口調で演じられるというものです。子どもたちは飴をしゃぶりながら、このからくりのなかをのぞき込んで楽しんでいました。

　江戸時代ののぞきからくりと写し絵は、前者は「幻灯*」へと発展していき、後者は「立絵」（図表7-2）と呼ばれる現代のペープサートの源流となる文化財へと発展していきました。

　そのペープサートを保育の

図表7-1　写し絵

出典：加太こうじ『紙芝居昭和史』岩波書店、2004年、4頁

図表7-2　立絵

出典：加太こうじ『紙芝居昭和史』岩波書店、2004年、7頁

世界にもち込んだのは、永柴孝堂*です。不朽の名作『日天さん月天さん』（➡15コマ目を参照）をペープサート化し、現代においても子どもたちに圧倒的な人気を博しています。その一方で、山本駿次朗*は、かたくなに立絵の伝統を守り、人形の周辺を黒く塗りつぶし、背景も黒の布で被う（後幕を使用する）ペープサートを主張していました。

　このようにペープサートには2つの流れがあるのは否めない事実ですが、保育の場で手軽に利用するということから考えると、永柴のペープサートが活用しやすいということで、このコマにおいては永柴のペープサートからその魅力を探っていくことにします。

2　絵人形のつくり方

　ペープサートは2枚の絵から成り立っている単純な文化財です。表と裏しかなく、その裏表の妙がペープサートの特徴です。表情はたびたび変わることはなく、見る側は動かし方や台詞によって喜怒哀楽の変化を感じ取るということになります。

　以下に、ペープサートのつくり方を示します。

①画用紙（あるいはケント紙）を2枚準備します。大きさはA5判かB5判くらいのもので十分です。表と裏に絵を描き、その画用紙の真ん中に竹串（割り箸でも可）をつけて、ちょうどうちわのようにします。絵は正面を向いたものは極力避けるようにします。なぜなら左右の動きがとれないからです。

　頭、手、足のどれかを一方の方向に向けて描くと、方向性をもつ動きが出てきます。裏は、その反対の方向に向けて描くと、舞台を右に移動したり左に移動したりすることが自然になります。これが一般的な描き方です（これを永柴は「基本人形*」といっています）。

永柴孝堂
1909～1984
北欧民話「3匹のやぎ」を、髙橋五山が紙芝居「鬼の吊り橋」につくり替え、それを永柴孝堂がペープサートとして、『日天さん月天さん』をつくったという経緯がある。

山本駿次朗
1914～?
児童劇場「コドモノクニ」を創設。

🖊 語句説明

基本人形
→基本的に、表面に右向きの絵を描き、裏面に左向きの絵を描くというのが、永柴のいう一般的な描き方である。

7コマ目

劇遊び①‥‥ペープサート・エプロンシアター

子どもたち自身の絵については、正面の絵を描いたとしてもそのまま使ってもよいのですが、保育者の製作する絵人形はやはり舞台のある劇としての方向性が求められます。

②次に、描いた2枚の絵を貼り合わせ、真ん中に竹串を挟みます。ボンドなどで貼り合わせ、その絵を蛍光灯や太陽に透かせてみます。そして、それぞれの頂点を結んで少しふっくらと丸みをつけて、ハサミで切っていきます。立絵の流れからすると余白を黒く塗るということになりますが、新しい文化財としてのペープサートでは、永柴の主張通りに白のままに残しておくほうがよいでしょう。黒く塗ると確かに絵は引き立ちますが、舞台の後ろにも黒幕が必要となり、手軽に上演できなかったり活用が制限されてしまったりする欠点が出てくるからです。

③余白は、基本的に長方形か台形の形に切ると絵人形自体が安定します。決して人形の形に沿って切り取らないことです。なぜなら、裏の絵と表の絵が異なった表現のとき（これを「活動人形*」といいます）、余白をもっていることによって裏の絵を悟られない利点があるからです。したがって、表裏同じ絵のときも余白をつくって切り取ることが大切になります。そのほか、山や木の背景などもペープサートでつくるとよいでしょう（これを「景画*」といいます）。

④絵には大勢の子どもたちにも見えるように、縁取りをしっかりつけておくとよいでしょう。

⑤竹串については、その断面は丸や正方形ではなく、長方形が望ましいです。なぜなら、ペープサートの絵人形は、人差し指と中指を2本揃え、それへ直角に人形の軸の先の方をのせ親指で押さえてもつからであり、表裏を素早く回転させ、反対側の絵をきっちりと止めることができるのは長方形だからです。

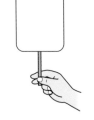

⑥竹串は、普通の大きさならば30cmの長さにします。そして、10cmを外に出し、20cmを画用紙のなかに入れて貼ると安定します。それ以上に大きかったり小さかったりすれば、外に3分の1、なかに3分の2の割合で貼り合わせるとよいでしょう。

■3　ペープサートの演じ方

　演じ方はいたって簡単です。舞台の上を左右に動くだけです。ただ、絵が動く、あいづちを打つ、笑う、泣く、怒る、話すといったときに、大勢の人形が舞台にいると、誰が話しているかがわからなくなる場合があるので、せりふを話している絵人形だけを動かすといくことを心がけておかなければなりません。

　話している絵人形は、大声のときは大きく、小声のときは小さく、演者の感じたまま振るように動かします。話していない絵人形は、少しでも動かしてはいけません。表情がないので、子どもたちには紛らわしくなるからです。

次に、表と裏の返しについては、素早くする必要があります。子どもたちにとって、絵人形の表と裏の中間点を長く見せられると、そこに興味が移ってしまい、劇から逃げる*場合があるので、素早く回転することが大切です。たとえば、「おじいさんがゆっくりと歩いています。後方から呼び止められました。振り返ります」といった

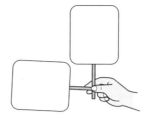

直角反転

場合には、どうしてもゆっくりと回転したくなりますが、素早く回転させ、反対の方向を向いてからゆっくり動かすといったことを心がけましょう。

なお、「直角反転」といって、2つの人形の竹串の先を直角にもって一方をかくし、立っている人形を倒してかくれている人形を出すという、瞬間の変化もできる方法もあります。

4　保育のなかでの活用

保育者が演じるペープサートでは、一般的に、人形劇と同じ舞台を活用できます。舞台がなければ、両側に積み木や机を重ねて物干し竿を渡し、その竿に黒幕を掛けて舞台にします。あるいは、ピアノの後ろに隠れて演技をすることもあります。演劇的な効果を上げる場合は、効果音や音楽、ピアノなどを用いるとより一層効果を増すことができます。

また、ペープサートは簡単につくれるということから、幼児にもできる人形劇です。子どもが演じる場合は、舞台にこだわらなくてもよいでしょう。そのときの作品、子どもの状態などにより、臨機応変に臨むことが必要だからです。人形劇より簡単に演じられるので、保育活動のなかで使いやすいのがペープサートといえます。子どもたちにとって自分で絵人形を描いた場合には、さらに身近に感じることができます。

文化財としてのペープサートの価値をあげてみると、次の点が考えられます。

- ・製作が簡単なため、すぐにつくることができる。
- ・竹串だけで演じるということから、やりやすく、容易に演技をすることができる。
- ・活動的なものである。

そのため、教材として保育のなかに用いるのに便利であり、「いつでも」「どこでも」「誰にでも」できるのが、ペープサートの特徴といえます。

せりふについても、特に劇的なものでなくても子どもが全体のあらすじを覚えていて、即興的に生かすほ

7コマ目

劇遊び①…ペープサート・エプロンシアター

📝 語句説明

劇から逃げる

→ペープサートは表裏で成り立っているにもかかわらず、中間点を長く見ることによって現実に引き戻されること。

🗨 プラスワン

演劇的な効果

ピアノで、「歩く音」や「走る音」、「風の音」や「波の音」、「小鳥のさえずり」や「登場人物に合った曲」などを効果音として弾くのもよい。

うがおもしろい場合や作品が生きてくる場合もあり、せりふを決めないで演じるときがあってもよいでしょう。

入園当初、なかなか人前で発言できない幼児に自分で描いた絵人形をもたせ、ピアノの後ろに隠れて、ピアノのうえから絵人形を通して発言させるというのも、恥ずかしさを軽減させる方法の一つであるといえます。

少し気が強い幼児には、比較的落ち着いた動物（たとえば、ウサギやリスなど）や人（たとえば、おじいさんやおばあさんなど）をもたせてみたり、逆に、気がやさしく人前で発言することが苦手な幼児には、活動性のある動物（たとえば、ライオンやオオカミなど）や人（たとえば、力強い登場人物など）の絵人形をもたせてみることもおすすめします。人形になりきるということから、思わぬ効果を発揮するかもれません。

5 　『日天さん月天さん』の脚本紹介

永柴は、『日天さん月天さん』をペープサートの特徴を生かした見事な作品に仕上げました。以下に、ペープサートの代表作であり、裏表の妙を存分に楽しむことができるこの作品の、簡単なストーリーを紹介しておきます（➡15コマ目に台本と絵人形を掲載）。

2人の運命の続きは、第4章15コマ目の台本をお楽しみに！

うさぎ、さる、たぬきの仲良し3人組がいます。3人は、山に遊びに行きたいと思っているのですが、山には鬼がいるため行くことができません。

そこで、魔法使いのおばさんに相談に行きます。

おばさんは、「日天さん月天さん」と呪文を唱えれば、姿を消すことができると教えてくれました。

3人は順に山の麓まで来ました。すると案の定、鬼が出てきて通してくれません。

しかしうさぎは賢明なので、しっかりと呪文を唱え、姿を消して通り過ぎました。

次にやってきたたぬきはあわてんぼうで、「月天さん、日天さん」と、さるはもっとあわてんぼうで、「日天さん、日天さん」と唱えてしまいました。

さて、2人の運命は……。

エプロンシアター®

■1■ エプロンシアター® とは

　エプロンシアター®*は、1979年に中谷真弓*により創案されました。
　エプロンを舞台に見立てる方法は、1970年代に、アメリカで同じような
ものが行われていた記録があります（ストーリーエプロンと呼んでいま
す）。
　中谷の創案したエプロンシアター® は、キルティングなどの厚手の生地
でつくられたエプロンでできているところが特徴です。また、キルティン
グ地のほかに、綿生地（裏ポケット用）、バイアステープ（エプロンの周
囲につける）、綿テープ（ひも）、マジックテープ®、フェルト、手芸用綿
（フェルトのマスコットのなかに入れる）、木綿地（背景用）などが必要で
す。そのほかに、ボタンや接着剤、裁縫セットやミシンなどを用意する必
要があります。
　エプロンシアター® は、エプロン上で演じることで、演者の表情や雰囲
気や口の動きなどを子どもたちが直接見ることから、おはなしに一番近い
子ども文化財といえます。中谷は、エプロンシアター® には次の4つの特
徴があると述べています。

> ①演じ手*が見えている。
> ②演じ手そのものが物語である。
> ③ポケットをはじめとした「しかけ」がある。
> ④ひとつの作品をくり返し演じることができる。

出典：乳幼児教育研究所ホームページ「エプロンシアター」http://nyuyoken.com/pm/?page_id=16
（2021年12月16日確認）

　中谷が述べているエプロンシアター® の特徴を、くわしく確認していき
ましょう。

① 演じ手が見えている

　保育者は、常に子どもたちの顔を見ながら演技ができるということです。
反対に、子どもの側からすると、保育者の表情を見ながら劇を観るという
ことが安心感につながり、物語に集中することができるのです。

② 演じ手そのものが物語である

　演じ手は舞台であり、ナレーターでもあり、登場人物でもあるわけです。
演じ手そのものが物語であるといわれるゆえんです。演じ手の豊かな表情
や動作や所作が、子どもたちの想像力を高めることになります。

③ ポケットをはじめとした「しかけ」がある

　エプロンのポケットから次々と登場人物が出てきたり、場面を一枚めく
ると異なった空間に移ったりする「しかけ」は、子どもたちの心をグッと
とらえることでしょう。

📝 重要語句

エプロンシアター®

→エプロンシアター®は、乳幼児教育研究所による登録商標である。

👤 中谷真弓

乳幼児教育研究所理事・講師。乳幼児の発達に即した布おもちゃの研究から「保育手芸」という分野を確立した。その研究のなかでエプロンを使った人形劇「エプロンシアター®」を考案した。

📝 語句説明

演じ手

→演者（演じる人）のこと。

なお、時間がないときは、市販のエプロンシアター用のエプロンを利用することももちろん可能ですよ。

④ 一つの作品をくり返し演じることができる

　好きな作品を何度も繰り返し、子どもたちを楽しませることができます。絵本やペープサートやパネルシアターなどほかの子ども文化財と同様に、繰り返しをすることで物語を深く理解することができ、やがて劇あそびへと展開していくことになるかもしれません。

2　エプロンシアター® のつくり方

　まずは、基本のエプロンのつくり方です。

① キルティング地は、出来上がり寸法にぬいしろを3cm程度とり、生地を裁ちます。その後、エプロンの裁ち端（切った端）をミシンでジグザグ縫い*をかけるか、手でかがり縫い*をします。そして、ぬいしろの部分を裏側に折り、縫いつけて端を始末します。

② 裏ポケット（上・下）をつくっておき、縁取りをつける前にエプロン本体の裏側に縫いつけます。
その際、**まつる***ときは、縫い目が表に出ないようにします。

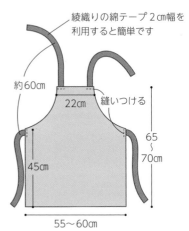

エプロンの出来上がり寸法

綾織りの綿テープ2cm幅を利用すると簡単です

約60cm
22cm　縫いつける
45cm
65〜70cm
55〜60cm

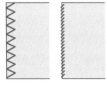

語句説明

ジグザグ縫い

→布のほつれ防止のため、端の始末をするための縫い方。

かがり縫い

→布の端をすくって、巻くように針を進めていく縫い方。

ジグザグミシン　手でかがる

まつる

→2枚の布地を縫い合わせること。

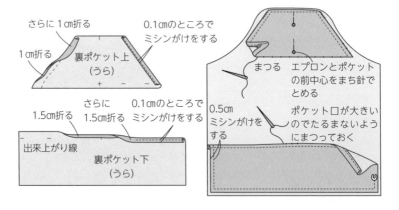

さらに1cm折る
1cm折る
0.1cmのところでミシンがけをする
裏ポケット上（うら）

1.5cm折る
さらに1.5cm折る
0.1cmのところでミシンがけをする
出来上がり線
裏ポケット下（うら）

まつる　エプロンとポケットの前中心をまち針でとめる

0.5cmミシンがけをする
ポケット口が大きいのでたるまないようにまつっておく

③ 胸当て側に首ひもをはさみ、バイアステープで縁取りを始末します。

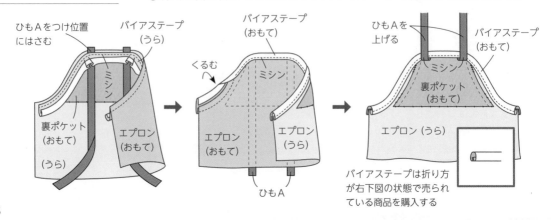

ひもAをつけ位置にはさむ
バイアステープ（うら）
ミシン
裏ポケット（おもて）
エプロン（おもて）
（うら）

バイアステープ（おもて）
くるむ
ミシン
エプロン（おもて）
エプロン（うら）
ひもA

ひもAを上げる
バイアステープ（おもて）
ミシン
裏ポケット（おもて）
エプロン（うら）

バイアステープは折り方が右下図の状態で売られている商品を購入する

④脇側に腰ひもをはさんで、バイアステープで縁取りを始末します。

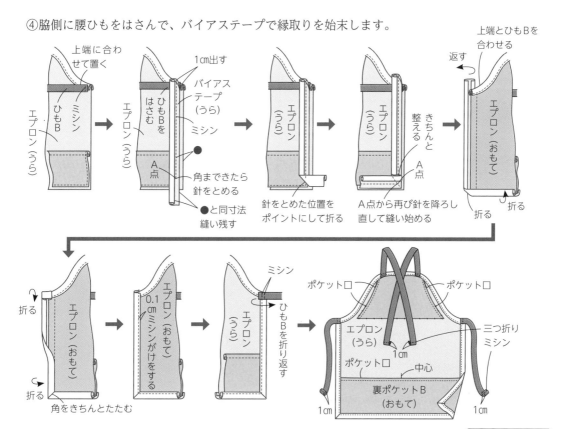

出典：中谷真弓『中谷真弓の作って遊ぼうエプロンシアター』ブティック社、2003年、45-46頁をもとに作成

次に、人形をつくります。

①フェルトで、人形や動物など必要なキャラクターをつくります。まつり方は、2枚のフェルトを重ね、フェルトと同色のミシン糸1本か、25番刺しゅう糸*を2〜3本取りにし、巻きかがり*で縫い合わせます。

②人形の綿は手芸綿を使用し、そのまま詰めず、ほぐしてから詰めましょう。また、一度にたくさん詰めずにバランスをみて少しずつ詰めます。3〜5mmの厚みになるよう平らに広げるように入れ、偏平につくります。平たくすることでエプロンにつけたとき安定し、手にもったときにもちやすく、演じやすくなります。綿を詰め過ぎてしまうと、ポケットがふくらんでしまうので気をつけましょう。

最後に、マジックテープ®を取りつけます。

①マジックテープ®は、基本的に凹面（やわらかい面）をエプロンにつけます。そして、人形には凸面（かたい面）をつけます。

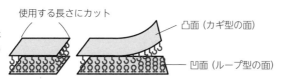

マジックテープ®には
カギ型とループ型になっ
ている面がある

使用する長さにカット

凸面（カギ型の面）

凹面（ループ型の面）

語句説明

25番刺しゅう糸

→刺しゅうで、一般的に最も使われる糸。25番刺しゅう糸は、コットン製で6本の細い糸がより合わさって1本の糸になっている。

巻きかがり

→2枚のフェルトを縫い合わせていくときに使う。針を2枚のフェルトの間に刺して、玉結びを隠す。針を裏から刺し、表に抜く。最後の一針は、縫いはじめの1針目と2針目の間に針を抜き、玉どめをする。最後に、この玉どめをフェルトの間に隠し、縫いはじめの1針目と2針目の間に針を通して抜く。

②マジックテープ®の大きさは、エプロンや
　人形ともに、2.5cm×2.5cmくらいがよい
　とされています。

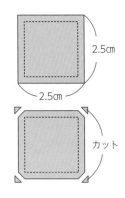

③マジックテープ®は、人形につけるものは
　人形に近い色を、エプロンにつけるものはエ
　プロンに近い色に合わせましょう。

④裏面に接着剤がついているマジックテープ®
　は、人形のつけ外しを繰り返すと次第に粘着
　力が弱くなりテープが取れやすくなってし
　まうので、必ずミシンで縫いつけておきま
　しょう。また、マジックテープ®の角四面をハサミでカットして面取
　りしておくことで、角が引っかかりにくくなります。

⑤人形の場合、裏側の首辺りにマジックテープ®をつけます。真ん中よ
　り下の場合、人形をつけたときに前に傾き、安定が悪くなってしまうの
　で気をつけましょう。

3　エプロンシアター®のしかけ

　エプロンシアター®は、エプロンシアター®ならではの工夫がなされ、
楽しいしかけがたくさんあります。子どもたちは、次は何が出てくるのか
興味津々に観ることでしょう。子どもたちが、「あっ！」とびっくりする
ようなしかけを駆使してつくってみましょう。

① マジックテープ®

　貼りつける：人形とエプロンに縫いつけたマジックテープ®を貼り合
わせ、エプロンに取りつけます。また、背景に、花や星などをつけ加える
ことで時間の流れを表現することができます。

② ポケット

　出し入れする：エプロンの前面の背景をポケットのように縫いつけ、人
形や小道具をポケットから出したり隠したりすることで舞台への登場や退
場を表現することができます。また、エプロンの前面の下方や裏側にポ
ケットをつくり、出番のない人形や後から登場させる背景や小道具の待機
場所にすることもできます。

　隠しポケット：ポケットの裏に隠しポケットをつくり、登場口を別に
つくっておきます。すると、表のポケットから入れたものが思いもよらな
かった場所から出てきたり、同じものが何個もあるような効果が得られた
りすることがあります。

③ 背景の変化

　布をめくる：エプロンの一部をノートのようにめくれるようにし、それ
をめくることで、たとえば家のドアをあけると家のなかの様子になるよう
な場面転換をすることができます。

　布をはがす：エプロンの上を大きめの布でおおっておきます。その布を
はがすことで、下の新しい場面を登場させることができます。

　布を貼る：エプロンに新たな場面を貼りつけることで、場面や背景を変

えることができます。

④ ひもなどの素材

引っ張って留める：ひも状になる小道具（ひも、スパンコール、針金など）を隠しポケットから引っぱり出します。つるが伸びたり、橋がかかったり、星がキラキラと光ったりすることで、場面の変化を楽しむことができます。

4　演じ方のポイント

演じ方のポイントは次のとおりです。

① 演じる前の準備をする

舞台を大きく見せるために、エプロンは胸高にかけ、脇のひもは緩めにしておきます。当たり前のことですが、事前にポケットに人形や小道具が入っているか、また、取り出す位置にきちんと納められているかもチェックしておくことが大切です。

② 演じ手は観客に顔を向ける

しかけをする以外はすぐに顔を上げます。表情豊かな演者は、登場人物そのものの表情になります。子どもたちの反応をよく見て、臨機応変に表現することができるのも大切です。

③ 人形は観客のほうに向ける

人形は、常に観客のほうを向けておくことが原則です。たとえば、2 人の会話であっても同様です。人形同士で会話するときは、話すほうの人形を動かします。人形を意味なく動かしたり、演じ手が人形の顔を見たりするのもやめましょう。

④ 動作を大きくする

演者も舞台であることを最大に生かしましょう。直立不動で演じるのではなく、必要な動作はなるべく大きく行います。それによって、人形にも命が吹き込まれてくるのです。

⑤ 人形のしかけを上手に使いましょう。

ポケットから出すタイミング、ほかのしかけを使うときなどスムーズに操作ができるように、何度も練習を重ねておきましょう。

おさらいテスト

❶ ペープサートやエプロンシアター® の [　　　　] を知る。

❷ ペープサートの特徴は、[　　　　] の妙である。

❸ エプロンシアター® は、[　　　　]、[　　　　]、[　　　　] が三種の神器である。

しかけや人形の出し入れ、自分の動作や顔の表情、エプロンの横側や下も、「子どもたちから見えるかな?」と、鏡の前で何度も練習をするといいですね！

劇遊び①：：ペープサート・エプロンシアター

7 コマ目

ペープサートを製作し、実演してみよう

- -

　はじめてつくる場合はオリジナルのストーリーではなく、既成のものでよいので、昔話や手遊びやクイズなどから始めるとよいでしょう。

　そして次は、自分で作製したペープサートをお互いに発表し合い、自分のものにしたうえで、子どもたちの前で実演してみましょう。

対象児	作品・題材 (昔話・手あそび・クイズなど)	選んだ理由・ねらい
0・1歳児		
2歳児		
3歳児		
4歳児		
5歳児		

エプロンシアター® を製作し、実演してみよう

エプロンシアター® はすばらしい文化財ですが、他の文化財と比べて手間がかかります。それだけに時間のある学生時代や休暇中につくっておくことをおすすめします。時間のない人は、市販のものを購入して実演するのもよいでしょう。ペープサートや人形劇と異なり、演者が前に出るということで、子どもとのやりとりのなかで思わぬ発見があるでしょう。

対象児	作品・題材 (昔話・手あそび・クイズなど)	選んだ理由・ねらい
0・1 歳児		
2 歳児		
3 歳児		
4 歳児		
5 歳児		

劇遊び②：パネルシアター

今日のポイント
1. パネルシアターは、創始者古宇田亮順が繊維の絡まりで簡単にくっつく素材を発見し、1973年に発表した表現文化である。
2. いろいろなしかけがあり、子どもたちはわくわくドキドキしながら参加できるのが魅力である。
3. 演じ手と子どもの双方向コミュニケーションによるクリエイティブな効果が楽しさの源である。

1 パネルシアターとは

1 パネルシアターとはどのようなもの？

子どもへのおはなしを言葉だけでうまく伝えることができないとき、絵や写真など視覚的なものを用いると楽しく理解されます。子どもにとって、カラフルな絵に対する関心、いろいろな動きのある絵や人形への興味は非常に高いものがあります。そのため絵本、紙芝居、人形劇などはいつまでも子どもから愛され、深く親しまれています。

そのような表現の仲間として、パネルシアターも保育・教育界で大いに活用されています。パネルシアターとは、「布地のパネル板に絵または文字などを貼ったり外したりして、おはなし、歌遊び、ゲームなどを展開して行う表現方法」です。そして、「パネル板の上で繰り広げられる小劇場、つまりシアター」という意味で、「パネル」と「シアター」という英語を組み合わせ、国外でも対応できるように「パネルシアター」となりました。

パネルシアターは、布地のパネル板に絵が貼られ、おはなしが始まります。童話だけでなく、歌遊び、言葉遊び、クイズ、ゲーム、手遊びなども加わり、その表現方法は広く、保育教材としての価値は高いものです。さらに、暗い部屋で演じるブラックパネルシアターは、ブラックライトのもとで蛍光絵の具で描かれた絵がきれいに光ることで、子どもから大人までを魅了する幻想的な美しい画面となり、感動も生まれます。

次に、パネルシアターの特徴をみていきます。

① 楽しさを共有できる

子どもたちは楽しいと、集中力、理解力、想像力、意欲が高まります。

② 自由度の高い表現手法である

演じ方が細かく決められていないため、子どもたちとの応答で演じ方が変わります。一期一会の出会いは醍醐味の一つです。

③ 自分らしさを発揮できる

演じ手のもち味を生かして演じると、同じ作品でも違った楽しさが表現できます。

④ 言葉のやりとりを楽しむ力がつく

子どもたちは、パネルシアターを楽しみながら演じ手と言葉のやりとりをすることで、話

写真8-1　上演の様子

す意欲、応答する力が生まれ、演じ手や友だちとの一体感が高まります。それが仲間との協調性、意欲、興味関心、自制心等の非認知能力の獲得にもつながります。「おはなしは楽しく語って、楽しく聞く」がパネルシアターの表現の特徴です。

⑤ 歌や音楽との相性がよい

パネルシアターは、歌や音楽ととても相性がよいことも特徴の一つです。子どもたちは、おはなしだけで進行するよりも、途中で歌や手遊びが入ったほうが、集中したり一緒に参加しやすくなったりして、一体感を感じながら楽しく聞くことができます。

保育・教育のなかで子どもたちとの心の距離が不安になったときも、パネルシアターがいつも助けてくれます。子どもと心がつながる喜びこそが保育の楽しさであり、やりがいともいえるでしょう。人と人との懸け橋になる教材ともいえます。

2　パネルシアターのはじまり

パネルシアターは、1972年に、古宇田亮順*がパネルシアターに適した材料を見つけたところから始まりました。その後、表現方法も開発し、1973年に、「パネルシアター」と名前をつけて発表しました。

古宇田は大正大学児童文化研究部（1950年代後半）の活動のなかで、仏教説話*を子どもたちにわかりやすく伝えるための「貼り絵芝居」を実践していました。その後、神奈川県座間市教育委員会の社会教育活動で活躍、さらに西光寺の住職へと転身しながらもずっと子どもたちへの温かい眼差しをもち、文化をよりわかりやすく手軽に伝えていくための研究を続けていました。

1972年、古宇田は、たまたま入った呉服屋で不織布（MBSテック130番）を見つけました。この布は軽くて丈夫なうえ、直接絵が描け、パネル板の毛羽立ちとほどよく絡み合い、表も裏もくっつきます。その特性が絵人形の素材に適しているとして、

写真8-2　上演する古宇田亮順

8
コマ目

劇遊び②‥‥パネルシアター

古宇田亮順
1937〜
東京にある浄土宗西光寺の住職を50年間にわたり勤めた。通常のパネルシアターのほか、暗い部屋でブラックライトを当て、蛍光絵の具で描いた絵人形が光るブラックパネルシアターや、幻灯機を用いた影絵式パネルシアターも考案。古宇田はパネルシアターを「演じる人の人間性を表現するもの」としている。

📝 語句説明

仏教説話

→仏・菩薩の奇跡、高僧の逸話、世俗における因果応報の理などを記したもの。

🗨 プラスワン

貼り絵芝居

絵を描いた紙の裏にフランネルという布を貼り、フランネルを貼った舞台にその絵を貼りおはなしをするもの。フランネルグラフという。ヨーロッパやアメリカの教会などで広く使われていた。

Pペーパーには厚さの薄いものや、ロール状のものもあります。特にロール状のものはパネル板にくっつきにくいので、購入時には注意しましょう。

古宇田はこの不織布をパネルシアターの頭文字のPを入れて「Pペーパー」と命名します。この発見により、作品づくりは手軽になるとともにしかけによる幅広い表現方法が可能になり、パネルシアターは飛躍的に発展し、新聞やテレビなどでも紹介され広まっていきました。古宇田は1981年に正力松太郎賞を受賞し、教育現場を中心に講演活動を行うとともに、国内だけでなく海外にも活動を広げていきました。

3　パネルシアターはどうしてパネル板にくっつくのか

パネルシアターを見た人は、まず絵がパネル板にくっつくことに驚き、興味を覚えます。子どもたちはそれだけで目を輝かせます。白い大きな布を貼った舞台に絵がくっついたり、ポケットからいろいろなものが出てきたりすると子どもたちは笑顔いっぱいで、パネルシアターに参加し楽しみます。

どうしてこんなに簡単にくっつくのでしょうか。しかも裏も表もくっつくのです。それは材料に秘密があります。

絵の描いてあるPペーパーは表面がザラザラしていて、パネル板に貼ってあるパネル布は毛羽立ちのよい布です。その毛羽立ちがPペーパーのざらざらした面にやさしく繊維同士絡み合い、くっつきます。絵を描くPペーパーもパネル板に貼ってあるパネル布も不織布の一種です。パネル板に貼ってあるパネル布は「日本不織布」3150番、Pペーパーは「MBSテック」を使用します。

2　パネルシアターをつくろう

1　作品をどうやって選ぶか

作品は、保育のねらいや目的、季節や活動のテーマを考えて選びます。テーマは、生き物、食べ物、色、数や心の豊かになるおはなしなどいろいろありますが、パネルシアターの作品は、一つの作品のなかにそれらのテーマが重なっていることがよくあります。話し方や演じ方で、自分のねらいに沿うように演じ分けできるのも、パネルシアターの魅力です。

① 年齢に合わせた作品

次に、年齢に合わせた作品についてみていきます。パネルシアターは自由度が高いため、同じ作品でも、話すスピードを子どもに合わせたり演じ方を簡単にしてわかりやすくしたり、言葉を子どもに理解しやすいように変えたりして演じることができます。そのため、乳児から年長児まで演じることができます。

たとえば『たこ焼きパクッ！』（藤田佳子著、吉野真由美絵、大東出版社、2007年）は、たこ焼きを、手遊びしながら一緒につくる作品です。1歳児であっても、言葉のやりとりこそはありませんがじっと見て、手遊びを一緒にやろうとしたり歌に合わせて体を動かしたりして楽しさを共有で

きます。幼児クラスでは、たこ焼きをつくる工程を一緒に楽しみ、歌や手遊びも全員で盛り上がりながら楽しむことができます。

② 作品選びのポイント

　上記のことを基本にしながら、乳児向け・幼児向けの作品選びのポイントを以下にあげます。

〈乳児向け〉

・身近なものがテーマになっている作品

・5 分以内で上演できる作品

・おはなしよりも歌や手遊びなどのメロディや歌のある作品

〈幼児向け〉

・皆で声を出し合って遊べるクイズ・手遊び・歌

・ストーリーの面白さを味わえるおはなし

・演じ手とのやりとりが楽しめる作品

・美しく光るブラックパネルシアター

　大切なことは、「自分が好きな作品」を選ぶことです。子どもたちは、保育者が楽しさを子どもたちと分かち合いたいと思っている雰囲気をしっかりとつかみます。自分の好きな作品を演じるときには、自然に保育者も笑顔で肩の力が抜けた動きになるので、子どもたちもリラックスして楽しい時間を味わうことができます。

2　作品づくりの材料や道具

　さあ、いよいよ作品をつくってみましょう。パネルシアターは、絵人形になる「Pペーパー」以外の材料・道具は、身近にあるもので手軽に用意することができます。以下に絵人形づくりに必要な材料と道具をあげます。

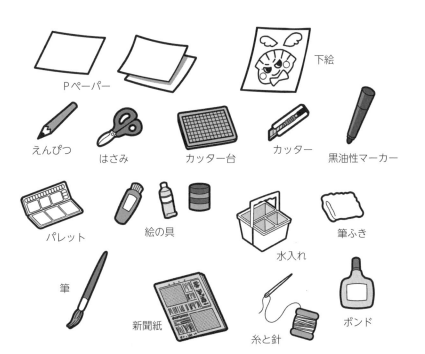

Pペーパー　下絵　えんぴつ　はさみ　カッター台　カッター　黒油性マーカー　パレット　絵の具　水入れ　筆ふき　筆　新聞紙　糸と針　ボンド

---

8 コマ目　劇遊び② ‥ パネルシアター

💬 プラスワン

乳児向けの作品例

『まんまるさん』（古宇田亮順・松田治仁、メイト、2017年）、『フルーツパフェ大好き』（藤田佳子作、吉野真由美絵、大東出版社、2015年）、『ぐんぐん大きくなった』（松家まきこ作・絵、アイ企画、2013年）、「パンダうさぎコアラ」（藤田佳子『ワンツーステップ パネルシアター』古宇田亮順監修、藤田佳子編、大東出版社、2008年）

幼児向けの作品例

『カレーライス』（月下和恵作・絵、アイ企画、2005年）、『リズム deクイズ』（藤田佳子作、吉野真由美絵、大東出版社、2019年）、『おしゃれひつじ』（藤田佳子作、吉野真由美絵、大東出版社、2018年）、『大きなだいこん』（古宇田亮順・松田治仁、メイト、1980年）、『そっくりさん』（松家まきこ作・絵、大東出版社、2008年）、『おもちゃのチャチャチャ』（古宇田亮順、東洋文化出版、1980年）

「下絵」は必ず用意します。Pペーパーは布ですので、鉛筆で描いても消しゴムで消すことができません。

作品集がたくさん出版されていますので、つくり慣れるまでは、作品集から写してつくることをおすすめします。

📃 プラスワン

下絵写し
時間のないときは鉛筆の代わりに油性マーカーで写してもよい。

着色
頬などは色鉛筆も便利である。白も塗るときれいな仕上がりになる。

縁取り
外側の線を太く描くと、絵が舞台にくっきり、生き生きと浮き上がる。

保存袋
絵人形を厚紙の上にのせて保存袋から出し入れすると、絵が折れず便利である。

3 作品づくりの手順

①作品を選び、下絵を用意する

②Pペーパーに鉛筆で下絵を写す

切り込み、糸どめ印は裏にも印をつける。

③絵の具やポスターカラーで色を塗る

・薄い色から塗りましょう。
・絵の具が乾くと色が少し濃くなるので注意！
・目などの細かい黒い部分は、油性ペンを用いるときれいに描けます。

④黒の油性マーカーでアウトラインを縁取る

・縁取りは太めにする（3～4㎜）。

⑤切り取る

・基本は黒の油性マーカーの縁取りに沿って切ります。

・しかけで絵が重なるところは余白を残さないようにしましょう。
・とがったところ細いところは、余白を残して丈夫にしましょう。

⑥しかけを組み立てる

⑦完成した作品を保存袋に入れる

・脚本や歌詞も一緒に入れておきましょう。

・タイトル、年月日、名前を書き、ガムテープで補強する。

・脚本、絵人形、楽譜は厚紙の上にのせる。

4　しかけの種類とつくり方

パネルシアターの魅力の一つは多彩なしかけです。演じ手は、しかけを使って豊かなストーリーや予想もしない展開を繰り広げることができます。

しかし、しかけを多く使い過ぎると演じ手がしかけに気を取られてしまい、一番大切な子どもとのコミュニケーション、つまりその場の応答にまで気を配ることができなくなります。しかけは、演出上で最も効果的な部分に取り入れるようにしましょう。そして、スムーズにしかけを扱えるようにしっかりと練習をしましょう。

① 裏返し

一瞬にして向きや表情を変えたり、変身したりすることができます。つくり方は、同じ形の 2 枚のＰペーパーに絵を描き、木工用ボンドで貼り合わせます。全面にボンドを塗ると、重くなったり絵の具がボンドの湿気で解けたりして汚れることがありますので、ボンドは周囲の縁取りに沿って塗りましょう。

② 糸どめ

手縫い用の木綿糸を二重にし、大きめの玉どめをつくります。2 枚の絵をその木綿糸でとめて動くようにします。手や足は別に描いて体に糸とめると、動かすことができます。また、かざぐるまや時計の針なども糸どめをすると、くるくると簡単に回すことができます。ポイントは縫い返さないこと。そうすることで動きがスムーズになります。

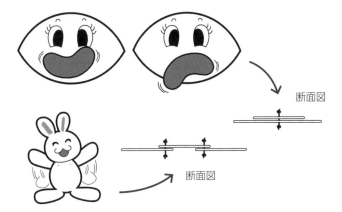

断面図

断面図

③ ポケット

ポケットのなかにものを入れたり出したりできます。差し込むなどの使い方があり、簡単で便利なしかけです。

つくり方を 2 つあげます。

つくり方その 1：一枚の絵にカッターで切り込みを入れ、後ろに白紙のＰペーパーをボンドで貼ります。カッターの切り込み線より 1 ～ 2 cm 上方にＰペーパーを貼るのがポイントで、絵人形をポケットに入れたり出した

りしやすくなります。

つくり方その2：白色のPペーパーを、絵人形の裏にボンドでポケット状に貼ります。

④ 切り込み

　土台の絵に差し込んである絵の一部を動かしたり取り外したりすることができます。たとえば切り込みを入れることで、りんごから一片を取り外すことができます。リアリティをもっておはなしを展開することができます。

　つくり方は、絵にカッターで切り込みを入れて、別に描いた絵を差し込みます。このようにすると、差し込んだ絵が土台になっている絵と一体化します。切れ込みに差し込む絵は余白がないように切り取ってください。

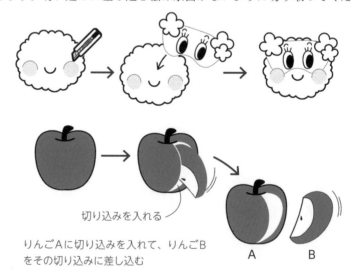

切り込みを入れる

りんごAに切り込みを入れて、りんごBをその切り込みに差し込む

A　B

⑤ 切り込み式窓開き

　絵人形を開いたり閉じたりして、展開する表現です。ドアを開けたり、顔が変身したり、アイスクリームやホットケーキが増えたりします。Pペーパーが布製でとても丈夫であるという性質を生かして、絵をきれいに折り曲げるしかけです。

　つくり方は、絵人形の折り曲げたい部分に定規をあて、<u>カッターでまっ</u>

🗨 **プラスワン**

支え（ポケットの応用編）

ポケットの仲間だが、「絵人形を固定する」場合を特に「支え」として区別する。このしかけも多くの場面で使う。つくり方は、ポケットと同じようにPペーパーの一部をボンドで貼り合わせ、支えに差し込んだ絵人形を固定する（下図参照）。

【例1　オムライス】

①花型のにんじんの下半分にボンドをつけて貼る

②オムライスを両脇の花型の支えにはさむ

③オムライスがお皿にのって完成!!

【例2　あんおはぎの目】

①あんおはぎの目の支えはこの図のように花を貼る

②花であんおはぎをはさむ

すぐに切り込みを入れます。その際に、<u>2〜3か所切らずに2〜3mm</u>
<u>つなげて切り込みを入れます。</u>切らずにつなげて残す部分が5mmくらい
になるとうまく折り曲がらないため気をつけましょう。標準厚*のPペー
パーを使うことをおすすめします。

〈タイプ1：開閉式〉

（1）定規を当てて2〜
　　3か所だけ2mm残
　　し、まっすぐに切
　　り込みを入れる

くじらの顔

くじらの全身

○の部分は2〜
3mm残し、切ら
ない

（2）くじらの顔（右側）
　　とくじらの全身（左
　　側）をボンドではり
　　合わせる

〈横から見た図〉

（3）完成

貼り合わせるときに、切り
込み線がズレないようにす
ることが重要！

〈タイプ2：ジャバラ折り〉

（1）定規を当てて2〜3
　　か所だけ2mm残し、
　　まっすぐに切り込み
　　を入れる

── の部分を切る

○の部分2〜3mm
残し、切らない

〈折りたたんだホットケーキ〉

〈伸ばしたホットケーキ〉

（2）ジャバラ状に折りたたむ

⑥ ずらし貼り（スライド）

　手のなかから絵人形が手品のように次々とパネル板の上に出てきます。
　つくり方は、<u>同じ大きさ・形の絵人形</u>を手のなかに重ねてもちます。パ
ネル板の上で手をすべらせて絵を一枚ずつ出していきます。操作するポイ
ントは、指先に少し力を入れてパネル板の上をすべらせるとうまくいきま
す。

Pペーパーを重ねるとくっつきにくくなり落下してしまいます。重ねて貼りたいときに、⑦裏打ちのしかけを使います。

⑦ 裏打ち

パネル布を裏に貼った絵人形を重ねて貼ることで、場面の展開を簡単に表現することができます。

つくり方は、上に重ねたい絵人形の裏にパネル布を貼ります。そうすることで、Pペーパーの上に貼った絵人形が落下しなくなります。

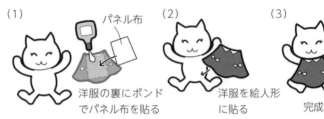

(1) パネル布　　(2)　　(3)

洋服の裏にボンドでパネル布を貼る　　洋服を絵人形に貼る　　完成

⑧ 糸引っ張り

絵人形に糸をつけて引っ張ることで、演じ手が絵人形に直接触れずに動かすことができ、手品のような効果を出すことができます。

糸引っ張りには、1）木綿糸を引っ張りたい絵人形に縫いつける、2）複数の絵を糸で一つずつつなぐ、などのつくり方があります。

1）は、パネル板の上方から後ろにまで糸が届くよう長さを決めます。引っ張りやすいように、舞台裏に垂らす糸の先にPペーパーの切れ端を縫いつけておくとよいでしょう。このタイプの絵人形を舞台に出すときは、糸のしかけが見えないように、しかけを仕込んだ絵人形を舞台の上方から出します。そうすると自然に糸が後ろに垂れ下がり、観客に糸の存在は気づかれません。

〈タイプ1：木綿糸を絵人形に縫いつける〉

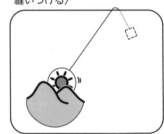

2）は、隠れていた絵人形を次々に出したいときになどに使います。複数の絵を糸でつないだものを重ね、ポケットのしかけのなかに隠しておきます。一番上の絵人形をもって引っ張ると、次々に絵が出てくるしかけです。

〈タイプ2：複数の糸を一つずつつなぐ〉

〈横から見た図〉　表　裏　2㎜縫い返す

(1) 潮吹きを一つひとつ糸でつなぐ

(2) 潮吹きをくじらの裏のポケットに入れる

(3) 潮吹きを引っ張り出す

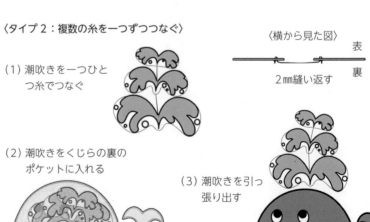
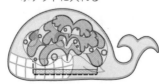

3　パネルシアターを演じよう

　さあ、演じてみましょう。パネルシアターで子どもたちと楽しい時間を
もつには、いくつか準備することやポイントがあります。

1　パネル板のつくり方

　演じるためには、まず絵人形がくっつくパネル板を用意する必要があり
ます。毛足が長くて付着力のよいパネル布を準備します。段ボールやス
チレンボードなどにパネル布をしわができないようにピンと引っ張って、
ボードの裏に布ガムテープでとめてパネル板を作成します。

　パネル板の標準サイズは、80×110cmですが、利用のしかたに合わせ
て好きなサイズでつくってください。もち運びに便利な2つ折りのパネル
板も使いやすいです。片面が接着シートになっているスチロール板（ハレ
パネ）を使うと固定しやすくておすすめです。市販されているパネル板も
あります。

①二つ折りの状態で折り目の背の部
　分をガムテープで補強する

裏面

②表面の折り目の部分に両面テープを
　貼る（ハレパネはこの工程なし）

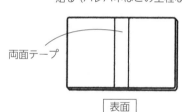

両面テープ

表面

③折り目の両面テープをはがし、パ
　ネル布の中央部分を固定する

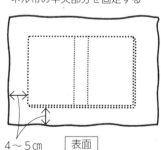

4〜5cm　表面

④パネル板を裏返し、パネル布を引っ
　張りながらガムテープでとめる

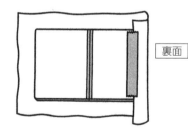

裏面

⑤上下のパネル布を引っ
　張りながらガムテープ
　でとめる

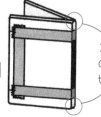

裏面

2つ折りにして、背
の部分のパネル布に
切り込みを入れる

パネル布を裏でとめ
るときに、まず両面
テープで数か所パネル
布を固定してから布
ガムテープでとめると
きれいに仕上がりま
す。

　2つ折りにする折り目
の部分に両面テープ
を3〜5cm幅で貼る
と、折りたたんだとき
にパネル布がしわにな
りません。

ガムテープを短い辺
→長い辺の順に貼る
としわができにくいで
す。2つ折りパネル板
は、2つ折りの状態で
長い辺を一気につな
げてとめると丈夫に
仕上がります。

2 パネルシアターの舞台のセッティング

パネルシアターの舞台をセッティングする際のポイントを以下にあげます。

- ・子どもたちから見やすい高さにする。
- ・絵人形が落下しないように、パネル板を15度くらい傾ける。
- ・イーゼルなどにのせてパネル板を固定する。
- ・パネル板の裏に絵人形を置く。
- ・絵人形が見えないように垂れ幕を垂らす。
- ・子どもの座る位置は、舞台が見やすいように配慮する。特に演じ手側になる場所は、演じ手の体が子どもの視界を遮ることがあるので気をつける。
- ・風が当たらず、かつ逆光にならないような場所に設置する。

市販されているパネルシアター用のイーゼルもあります。

絵人形は、出す順番に重ねて置くと出しやすいです。

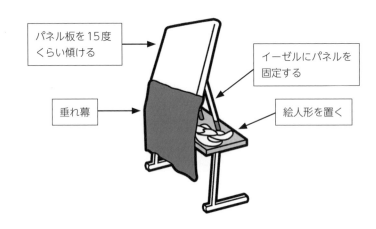

パネル板を15度くらい傾ける

イーゼルにパネルを固定する

垂れ幕

絵人形を置く

3 演じ方のポイント

パネルシアターは「見せる」のではなく、「演じましょう」。自分らしさをいっぱい出して、パネルシアターの楽しさを子どもと共有しましょう。

以下に演じ方のポイントをみていきます。

① 楽しく演じよう！

子どもたちは、演じ手の明るく楽しく温かい表情やしぐさに触れることで楽しく盛り上がります。演じ手の楽しさは子どもたちに伝わります。失敗も笑いにするくらいの気持ちで演じましょう。

② 子どもとやりとりをしよう！

パネルシアターの一番の魅力は、双方向の対面コミュニケーションで演じ手と子どもが一緒になってパネルシアターの空間をつくっていくことです。言葉のキャッチボールをしながら演じると、子ども参加型になり、一体感のある楽しい空間が生まれます。参加型になると、子どもたちは自分が主人公になって、パネルシアターの世界で大いに楽しみます。年齢の低い子どもたちが長い時間でも楽しめるのは、子どもの言葉を受け止めるこのやりとりがあるからです。

セリフをそのまま覚えて語るというよりも、<u>自分の言葉にして語る</u>とよいでしょう。そうすると覚えやすいだけでなく、子どもとのやりとりも臨機応変にスムーズにできます。

③ 子どもたちを見ながら演じよう！

　子どもたちはパネルシアターの舞台だけではなく、演じ手のことも一緒に見ています。子どもたちの反応を見ながら演じると、お互いに楽しく共感し合うことができます。子どもたちのキラキラした目や笑顔、ときには驚いた表情を見ながらパネルシアターをやることで、演じ手は手応えを感じられ、喜びがあります。また、子どもたちは、演じ手が自分に向けて言葉をかけてくれているように思い、演じ手に親しみを感じます。

④ 不要な「間」がないように子どもたちに語りかけよう！

　パネルシアターは、絵人形をパネル板に出したり外したり、おはなしを語ったり、歌を歌ったり、しかけを動かしたり、子どもたちと応答したりと、同時にいろいろなことをやりながら進行します。こうしてあげてみると大変そうですが、ポイントは一つです！「子どもへの言葉がけが止まらないこと」です。

　もちろん、練習をしっかりとしておくことは大切ですが、それでも本番になるといろいろなことが起きます。そのようなときには慌てずに、子どもに語りかけ続けてください。パネルシアターの流れが止まらなければ子どもたちはパネルシアターのすべてを楽しんでいますから、安心して大丈夫です。

　逆に言葉が止まってしまうと、子どもたちは「どうしたのかなあ」「大丈夫かなあ」と心配になります。アドリブでよいので、子どもたちに語りかけてください。たとえば、次に出す絵人形がすぐに出せないときでも、「あれ？　うさぎさんどこかにお散歩に行っちゃったのかな？　皆で"うさぎさ〜ん"って呼んでみようか」などとアドリブでつなぎながら、絵人形を

舞台の裏にプログラムや歌詞などを貼っておくと安心して演じることができます。

8コマ目

劇遊び②‥パネルシアター

📝 プラスワン

パネルシアターの楽しさや世界が伝わるようなポイント

① 演じ手の立ち位置
　右利きは向かって右、左利きは左に立つ。
　舞台から50cmくらい離れて立つ。
② 絵人形の目をもたない。
③ 絵を出すタイミング
　歌の作品は歌詞よりも少し早めに出す。
④ 身振り・手振り
　大きな動作をつけて表情豊かに演じる。
⑤ 絵人形の配置
　パネル板全体を使って場面構成を考える。
⑥ 始め方
　始めるときも黙って絵人形を貼らないで、おはなしをしながら絵人形を出す。

探しましょう。そのライヴ感もパネルシアターの楽しみの一つです。どんなことも子どもと一緒になって楽しみましょう。

そのほかにもパネルシアターの楽しさや世界が伝わるようなるポイントがあります。少し気配りをするだけで、子どもへの伝わり方が変わります。

おさらいテスト //

❶ パネルシアターは、創始者 [　　　　　] が繊維の絡まりで簡単にくっつく素材を発見し、1973年に発表した表現文化である。

❷ いろいろな [　　　　　] があり、子どもたちはわくわくドキドキしながら参加できるのが魅力である。

❸ 演じ手と子どもの [　　　　　] によるクリエイティブな効果が楽しさの源である。

//

ディスカッション

- -

　４歳児クラスで、保育者が『三匹のやぎのがらがらどん』のパネルシアターを上演しました。子どもたちは、ヤギが登場する場面で一緒にヤギを呼んだり、つり橋を渡るときに保育者と一緒になって渡る音を唱えたりして楽しみました。トロルが出てくる場面では、固唾をのんでドキドキしながら見つめたり、大やぎを応援したりしてパネルシアターに参加して楽しみました。

①この活動で、子どもたちにどのような育ちが期待できると考えますか。

②①であがった子どもの育ちと５領域との関係を考えてみましょう。

9コマ目

劇遊び③：オペレッタと手袋人形

今日のポイント

1. オペレッタでは日常の遊びから発表会につなげる指導を心がける。
2. 練習時に全部の役を演じてみることは、オペレッタの指導の大切なポイントである。
3. 手袋人形は子どものイメージを豊かにし、言葉や数の概念を身につけられる。

1 オペレッタ

1 オペレッタとは？

オペレッタとは、およそ400年前にヨーロッパで誕生した演劇・音楽部門の総合芸術「オペラ（歌劇）*」に対して、小規模で軽快な内容で、喜劇的な要素を含む作品をいいます。

① 保育分野のオペレッタとは

保育の分野でのオペレッタは、音楽・歌唱・台詞・ナレーション・振りつけによる動きなどの表現手段を用いて演じられる「子どものための音楽劇」のことです。「ごっこ遊び*」「劇遊び*」に歌やダンスの音楽をつけて、おはなし全体を音楽とともに展開するオペレッタは、お誕生日会や発表会などで多く演じられています。皆で一緒に歌ったり体を動かすオペレッタは、協調性が養われ、クラスの連帯感と達成感を味わうことができ、それは仲間づくりへとつながっていきます。子どもたち一人ひとりの成長を実感できるオペレッタは、園生活での大切な思い出になります。

② オペレッタのもつ意義

登場人物になりきって演じるオペレッタは、子どもたちの自由で豊かな表現意欲を引き出し、「幼児期の終わりまでに育ってほしい姿（10の姿）」を満たし、「保育所保育指針」や「幼稚園教育要領」等に記載されている5領域の「健康」「人間関係」「環境」「言葉」「表現」のねらいを含んだ「保育の全領域にまたがる総合的な表現活動」の一つです。

「健康」「表現」においては心情を考えて、歌う・踊る・体を動かすことは身体表現を豊かにし、表現の感性を高めます。「人間関係」「言葉」においては、自分の言葉で発表したり、友だちと協力したり、お互いのよさを認め合う心を育てます。「環境」においては、自分以外の人の心情や行動を考え、背景の準備や道具の整理整頓ができるようになります。

重要語句

オペラ（歌劇）
→音楽と演劇によって構成され、器楽合奏の伴奏で舞踏などを伴い、配役の衣装を着けた歌手が歌い演じる舞台芸術。

ごっこ遊び
→子どもの遊びの一種で、鬼ごっこ、お店屋さんごっこ、変身ごっこなど、何かになったつもりになって遊ぶもの。

劇遊び
→音楽を伴わない物語の遊び（言語劇）。

2　オペレッタ作品の種類

ここで、保育のなかで演じられるオペレッタ作品の種類についてみていきましょう。子どもたちが発表会などに向けて取り組む演目は、作品の上演時間や登場人物（配役）の数、演じる対象年齢などによってさまざまです。オペレッタの種類は、大きく 2 つに分類されます。

① 名作オペレッタ

アンデルセン童話*やグリム童話*など、世界的に有名な童話作家がつくったおはなしや、日本の昔ばなしや民話などの語り継がれたおはなしをオペレッタにした作品です。作品のあらすじが誰にでも知られているので、取り組みやすいのが特徴です。

保育現場にはたくさんのオペレッタ作品が活用されていますが、同じおはなしでも、音楽や脚本、振りつけなどの演出は作品によってさまざまです。作品例として、『赤ずきん』『ブレーメンの音楽隊』『おおかみと七ひきのこやぎ』『北風と太陽』『うらしまたろう』『おむすびころりん』『かさじぞう』などがあります。

② 創作絵本オペレッタ

近年発行された創作絵本*のおはなしをオペレッタにした作品です。主に、絵本の読み聞かせからの発展として制作されたもので、子どもたちに人気のある絵本を題材としたものが取り上げられます。

作品例として、『くれよんのくろくん』（なかやみわ さく・え、童心社、2001 年）、『ふしぎなキャンディーやさん』（みやにしたつや 作・絵、金の星社、2007 年）、『みんなだいじななかま』（中村文人 作、狩野富貴子 絵、金の星社、2007 年）などがあります。

3　オペレッタの指導の流れ

発表会の演目として演じられることが多いオペレッタですが、いきなり練習に入るのではなく、日常の保育のなかで子どもたちが表現することの楽しさを実感しておくことが大切です。

① 当てっこゲーム

これは自己表現のジェスチャーゲームです。保育者が、動物（うさぎ、ぞう、へびなど）、乗り物（新幹線、飛行機など）、自然界のもの（風、お日様など）、子どもたちの好きなキャラクターなどのお題を出して、子どもたち同士で当てっこする遊びです。演じることやなりきることの楽しさを味わうことからスタートしましょう。

② おはなしの世界に親しむ

物語に親しみ、おはなしの世界を子どもたちと一緒に遊ぶように心がけましょう。オペレッタに入る前に、保育者が素話をしたり絵本を読んで物語のあらすじを伝えます。また、作品の対象年齢に応じて、紙芝居、ペープサート*、手袋人形（➡ 105 頁「2.手袋人形」を参照）、パネルシアター*、エプロンシアター ®*などの教材を使って視覚的に見せながらおはなしの世界のイメージを広げてあげましょう。

📖 語句説明

アンデルセン童話

→デンマークのハンス・クリスチャン・アンデルセンがつくった童話。

グリム童話

→ドイツのウィルヘルムとヤーコプ兄弟がつくった童話。

創作絵本

→作家が自ら考えつくり出した絵本のこと。

📝 重要語句

ペープサート

→厚紙の表面と裏面に絵を描き、棒をつけてウチワ状にしたものを手でひっくり返したりしながら演じる紙人形劇。
➡ 7 コマ目を参照

パネルシアター

→パネル布を貼った舞台に不織布でつくった絵人形をつけたり外したりして演じる教材。
➡ 8 コマ目を参照

エプロンシアター®

→胸当て式のエプロンを舞台に見立てて、ポケットからフェルトなどの素材でつくった人形を登場させながら演じる人形劇。
➡ 7 コマ目を参照

1）ペープサートの例：オペレッタ『おりょうりハイハイ』

　にんじんさんとタマネギさんとお肉さんをコネコネするとハンバーグに
なるおはなしです（写真9-1）。

写真9-1　ペープサート『おりょうりハイハイ』

にんじん　たまねぎ　　お肉　　　　　　　　　ハンバーグ

2）パネルシアターの例：オペレッタ『あめふりくまのこ』

　歌詞の1番から5番までがおはなしになっている童謡です。

3）エプロンシアターの例：『きたかぜとたいよう』

　イソップ寓話の「北風と太陽」です。最後に大きな太陽が出てくるしか
けになっています。

　以上のような教材を使って、子どもたちのペースに合わせて繰り返し演
じることで、徐々におはなしのなかに子どもたちが参加できるようになり
ます。「次にやってくるのは誰かな？」「おまじないの言葉、覚えてるかな？
皆も一緒に言ってみよう！」など、子どもたちに問いかけながら参加を促
しましょう。

写真9-2
パネルシアター『あめふりくまのこ』

写真9-3
エプロンシアター
『きたかぜとたいよう』

写真提供：メイト

③ 歌と振りつけ

物語の流れが理解できるようになったら、おはなしの途中に無伴奏*でオペレッタの歌を入れながら語ったり、振りをつけて踊ってみましょう。このときのポイントは、保育者の動きです。1、2、3、4、とカウントで動くのではなく、保育者自身が楽しく表情豊かに表現することで、子どもたちがまねをしたり表現したいという気持ちが芽生え始め、より豊かな表現を引き出すことができます。「○○ちゃんのウサギさんかわいいね～、皆もやってみよう！」「○○くんのライオンさん、かっこいい！」など、子どもの自由な動きを柔軟に取り入れることでクラスごとのオリジナルな振りつけが完成します。また、ピアノに合わせて練習をするとメロディやリズムがはっきりするので、皆で歌うことがより楽しくなります。そのとき、最初はゆっくりとしたテンポから練習することを心がけてください。

④ 日常の保育のごっこ遊びで楽しむ

本番への練習の合間に、オペレッタ作品をテーマにしたオリジナルの集団遊び（ごっこ遊び）を、振りつけに関係なく自由に取り入れてみましょう。たとえば、『おおかみと七ひきのこやぎ』では、怖いおおかみがかわいいこやぎたちを追いかける「鬼ごっこ」を、また、忍者がテーマのオペレッタでは、保育者がいろいろな忍法を提案して、子どもたち同士で忍者のポーズを考える「忍者ごっこ」をしながら子どもたち一人ひとりの表現を皆で楽しみましょう。

▎4▎ オペレッタの演じ方

次に、オペレッタの演じ方について説明します。一人の子どもが一つの役を演じる、一人の役を複数の子どもが演じるなどさまざまな方法がありますが、保育においては、「一役多人数」の演じ方をおすすめします。

① 一役多人数の特徴・メリット

一役多人数とは、一つの役を多人数で演じる方法です。たとえば、『赤ずきん』の演目では、赤ずきん役5人、おばあさん役5人、おおかみ役5人、狩人役5人のように、一つの役を多人数で演じます。

この演じ方のメリットは、自分の役の歌やセリフ、振りつけ、演出上の移動などを忘れてしまってもミスの目立つことが少なく、作品の流れを止めずに進行できることです。また、皆と役を共有して演じることで子どもの精神的なプレッシャーが軽減され、のびのびと楽しんで演じることができます。

② 全部の役を演じることの大切さ

オペレッタは、歌や踊りを楽しむだけでなく、自分の役以外の動きを知っておくことで、自分が登場しないシーンも物語の流れのなかで一緒に楽しむことができます。それと同時に、それぞれの役の気持ちを知る機会にもなり、また、物語の把握や登場人物の関係性の理解も深まります。はじめに役を決めてから練習に入るのではなく、登場するいろいろな役の演技を交替して練習しておきましょう。友だちや保育者の演技を見たりすることで、表現する楽しさを感じることができ、お互いの表現に興味がもて

重要語句

無伴奏

→ピアノ伴奏やCDなどの音源を伴奏として使用しないこと。

9 コマ目

劇遊び③：：オペレッタと手袋人形

るようになります。

5　衣装・小道具・背景の製作

　練習の段階では、なるべく衣装を着けないで練習しましょう。なぜなら、衣装を着けてしまうと誰が見てもその役だとわかるからです。衣装にとらわれることなく自分の役を演じることが大切です。そして、歌ったり踊ったりすることが楽しくなってきてから、衣装や小道具の製作を始めましょう。子どもたちと一緒に色やデザインのアイデアを出し合って衣装や小道具をつくることで演じることへのモチベーションも上がり、自分の役の衣装を身につけるとより一層登場人物になりきることができます。

　衣装（写真9-4）は、何の役かがわかるように色違いにしたり、演技のかわいらしさやカッコよさが発揮できるよう、動きやすくシンプルなデザインにすることを心がけましょう。

　役を表現するには、お面（写真9-5）をつけると何かがはっきりわかります。お面の大きさは、振り付けの動きを妨げることのないように実際の

写真9-4　衣装：ミニオペレッタ『むしむしロックンパーティー』

ばった　　　　　ちょうちょ　　　　かぶとむし　　　　てんとうむし

参考教材：ビニパック・リビックテープメイトワールド

写真9-5　お面

ばった　　　　　ちょうちょ　　　　かぶとむし　　　　てんとうむし

写真9-6　小道具

タイコ

ギター　　　　　ピアノ　　　　　　　　　　　　　　ラッパ

顔の大きさよりも小さめにつくります。シンプルに耳の形だけをつけたカチューシャにしてもよいでしょう。小道具（写真 9-6）は、工作紙や色画用紙など、軽量の素材でつくります。また、安全面にも注意することが大切です。ホッチキスを使用した場合は、針の部分にセロハンテープを貼っておきましょう。

　おはなしに出てくるお城や門などの大道具は、軽量の段ボール素材で折りたたみ式にすると移動も簡単でもち運びしやすくなります。色ぬりや模様の貼りつけなどを子どもたちと一緒にすることで作品への興味が強まります。

6　オペレッタを体験してみよう

　「オペレッタの指導は難しいのでは？」と心配する前に、まずはオペレッタを体験してみましょう。ここでは、取り組みやすく初心者向けにつくられたオペレッタ作品「ファーストオペレッタ」を紹介します。

① ファーストオペレッタの特徴
　ファーストオペレッタの特徴としては、以下のようなものがあります。
・よく知られているおはなしである。
・上演時間が短い（約 9 分）。
・衣装、道具の製作が簡単である。
・オープニングからエンディングまで、登場人物が舞台袖*に出入りすることなく演じられる（観客と一緒に全部の流れを楽しめる）。
・メインではない役にも存在感とやりがいを配慮し、作品を盛り上げる大きな役目を果たしている。
・振りつけ、演出がシンプルにつくられているため、年少児から年長児まで発達に応じた振りつけのアレンジが自由にできる。

② 実践例：ファーストオペレッタ『うらしまたろう』
　ファーストオペレッタの実践例を紹介します。ここでは、養成校の学生たちが演じています。自分たちで演じてみることで、子どもへの指導に生かしましょう。
1）配役：うらしまたろう、乙姫さま、
　　かめ、魚たち
2）対象年齢：年少児から年長児
3）大道具と小道具：龍宮城の書き割り*（写真 9-7）、砂浜の絵を描いた段ボールまたは書き割り、ポンポン*、玉手箱（箱のなかには、おじいさんに変身するひげを入れておく）

写真 9-7　龍宮城

写真提供：メイト

語句説明

舞台袖
→客席から舞台に向かっての両サイド。舞台に登場するときの待機スペースのこと。

書き割り
→芝居の大道具の一つで、風景や建物などを描いたもの。

ポンポン
→ポリエチレンテープを巻いて真ん中で縛り、放射線状に開いて球状にしたもの。

9 コマ目
劇遊び③：オペレッタと手袋人形

4）衣装

写真 9-8　役の衣装を着た姿

乙姫さま・うらしまたろう・かめ　　　かめの背面　　　魚たち

5）お面

写真 9-9　『うらしまたろう』のさまざまなお面

乙姫さま　　　　　　　かめ　　　　　　　魚

6）おはなしの流れ

写真 9-10　『うらしまたろう』の流れ

全員で踊るオープニング　　かめの背中に乗って龍宮城に　　魚たちがつくった龍宮城へのトンネル
　　　　　　　　　　　　向かうシーン　　　　　　　をくぐるシーン

宴会でうらしまたろうを歓迎する　乙姫さまから玉手箱をもらうシーン　煙のポンポンをもって走る魚たちの
魚たちの踊り　　　　　　　　　　　　　　　　　　　　　　　　パフォーマンス

おじいさんになったうらし
またろうに驚いてひっくり
返る魚たち　　　　　　　　　　　　　　　　　　　　エンディング

7　オペレッタの指導のポイント

　音楽は子どもの生活のさまざまな場面に存在し、幼児教育には不可欠なものです。子どもの音楽表現をより豊かに育むためには、まずは保育者自身が自らの感性を磨き、豊かな表現力を身につけることが大切です。オペレッタを通して自分らしく表現することの楽しさや遊びのおもしろさを、子どもたちと一緒になって喜び合いましょう。

2　手袋人形

1　手袋人形と手袋シアターの意義

　保育において、作業用の軍手やカラー手袋でつくられた人形を、「軍手人形」または「手袋人形」といいます。ここでは人形形式のものを手袋人形、シアター形式のものを手袋シアターと呼びます。

　左右の区別がなく、手のひらや甲の区別もない軍手は、製作するうえでさまざまなしかけができ、子どもの興味をひきつける展開を工夫できます。また、軍手は安価で、切りやすく縫いやすいため短時間で毛糸素材の人形を作製することができます。子どもの年齢や興味・関心に合わせて人形を用い、言葉のやりとりを豊かにしたり、手袋シアターをとおして他者とおはなしのイメージを共有したりと汎用性が高く、頻繁に用いられています。

① 対人関係の成長、言葉の力を育てる人形の効果

　幼児期は、安定して築き上げられた二者関係から、社会という三者関係の場に踏み出していく段階にあります。そのような段階で、人形は、子どもと保育者、友だちとのコミュニケーションの媒介として、三者関係にいざなう大切な役割を果たします。

　たとえば、3歳未満の子どもに、保育者がひよこの人形を操りながらこのように話しかけたとします。

　「こんにちは、ひよこのピヨちゃんだよ。キミはだあれ？」

　そのとき、子どもはどのような反応をするでしょうか。もちろん一人ひとりの個人差はありますが、たいていの子どもはこう話しかけるでしょう。

　「ぴよぴよ、ピヨちゃんですか？　ぼくは〇〇ちゃんだよ」

　では、同じ状況で年長児であった場合はどうでしょう。

　「ひよこの声を出しているの先生でしょ」と客観的にとらえた反応が返ってくるかもしれません。この違いは、二者関係を中心にして社会を広げている年齢と、社会性を身につけ、三者関係を中心にしつつある年齢の違いにあります。

　乳児期に、保護者や保育者と二者関係を結び成長してきた子どもが、保育者の見守りのなかで、人形を介して友だちとの三者関係に自然に移行していくところに人形遊びの意義は見出されます。

　また、親との分離不安*で泣いている子どもに人形で話しかけると、気持ちが切り替わって会話ができたり、人形の役割を通して話ができるごっ

人形を使って子どもに語りかけると、心を開いてくれることも多くありますよ。

重要語句

分離不安

→愛着をもっている人から離れることに持続的に強い不安を抱くことで、子どもに多く表れる。

（縦書き）9コマ目　劇遊び③：：オペレッタと手袋人形

105

こ遊びを楽しんだりと、人形には不思議な魅力と可能性があります。

　ところが、大きな人形をいつももって歩くことはできません。その点、ポケットに小さく折りたたんでもっていられる手袋人形は、時間や場所を選ばない保育者にとって使いやすく、効果的な道具となります。

② 手のなかに広がる世界　（手袋シアター）

　「ねぇ、聞いて。爪をひっかくと音がするよ」「手できつねの顔ができたよ」「魔法使いのメガネの手できる？」など、子どもにとって「手」は身近で、いろいろな発見ができる遊び道具です。人差し指と中指と親指をつけて、きつねやうさぎをつくって友だちと遊ぶ姿は、よく見られる光景です。

　手袋シアターは、そんな魅力的で身近な手のひらが劇場となり、歌やおはなしの世界が視覚的にとらえやすい形で繰り広げられます。登場人物は、おなじみの「お父さん」「お母さん」「お兄さん」「お姉さん」「あかちゃん」の5人家族だったり、5人の小人だったりすることでしょう。保育者にとって大きな準備もなく、手軽にアドリブをまじえることができる手袋シアターは演じやすく、子どもたちは興味を示します。おはなしや歌を日常のなかで繰り返し楽しむことは、数の概念や多くの言葉を身につけることにもつながっていきます。

2　手袋人形と手袋シアターの演じ方のコツ

　手袋人形と手袋シアターの演じ方のコツは、子どもが一緒に参加して歌ったり楽しんだりできるよう、また子どもが理解しやすいように起承転結*を意識して話を展開させます。あらかじめストーリー性のある童謡や、手遊び歌を活用するのもよい方法です。

① 手袋へのしかけと「起承転結」を表現する

　手袋は、手のひら、甲、5本の指を工夫して使い、「起承転結」を意識して場面設定をします。多くの場合は手のひらで「起」「承」を演じ、「転」では、驚きや意外性を展開できる見せ場にするためのしかけや工夫で場面を設定します。

　「転」のしかけの例を紹介しましょう。「赤ずきんちゃん」（写真9-11）では、「起」「承」と手のひらで展開していたおはなしの場面を、途中、突

写真9-11　赤ずきんちゃん　　写真9-12　バナナおやこ　　写真9-13　5つのメロンパン

写真 9-14　ちょうちょ

写真 9-15　あめふりくまのこ

写真 9-16　小さな世界

然オオカミが出てくるときにオオカミのしかけをしておいた手の甲に変化させることで、子どもはその意外性に驚きます。そのほか、今まで見えていなかった親指の横にオオカミが隠れているなども、子どもにとっては想定外のしかけとなります。

　また「バナナのおやこ」（写真 9-12）では、歌に合わせて歌っていたらバナナの皮がむけて、パパバナナ、ママバナナ、子バナナが登場するのも子どもにとって期待や意外性につながります。

　子どもの反応が強いところは話し方に抑揚や緩急をつけて演じ、子どもが望むなら繰り返したり、ときには速く、ときにはゆっくりと歌ってみるとよいでしょう。

　おはなしの結末である「結」の部分では、子どもたちが肯定的な気持ちになり、「もう一度みたい」と思える余韻のある終わり方にします。

② 手遊び歌や童謡のストーリーで演じる

　手袋シアターの演じやすさのコツは、ストーリーのある手遊び歌や童謡に合わせて演じることです。

　手遊び歌「5つのメロンパン」は、5本の指をメロンパンに見立てるなどしたストーリーがあり、5回の繰り返しで歌われています（写真 9-13）。

　また童謡では、「ちょうちょ」（写真 9-14）、「あめふりくまのこ」（写真9-15）や「小さな世界」（写真 9-16）など、歌のなかにストーリーが展開されているため、歌を知っていれば初心者でも演じやすく、子どもが一緒に参加しやすいという点で効果的です。

3　手袋人形のつくり方のコツ

　手袋をして手を無造作に動かしていると、さまざまな動きから人形のイメージが浮かんでくると思います。オリジナルのデザインは無限に広がります。

　ここでは、筆者が考える手袋人形の基本形を紹介します。

　まずつくる前に、右手人形か左手人形かを決めてください。利き手は、話に合わせて人形やパーツをつけたり取り外したりする操作に使うため、利き手でないほうに人形をつくります。

手の甲はオオカミの顔

親指に隠れるオオカミ

ほかにストーリーのある歌は、何がありますか。思い当たる歌を探してみましょう。

**手袋人形をきれい
につくるコツ**

・透明な糸で縫う。
・目玉をていねいに切
る、または市販の動
眼(プラスチックでで
きた、黒目が動く手
芸材料)を用いる。
・パーツは単純な形に
し、丸型などはポンチ
(皮に穴をあける際
に使用する鉄製の型
ぬき)を使う。
・型紙からフェルトを
切るときは、なるべ
く線を書かずに型紙
を当てて切る。

**手袋人形を丈夫に
つくるコツ**

・パーツは貼るより縫
うほうが丈夫になる。
・パーツを貼ってつく
る場合は、強度の点
でホットボンドがおす
すめ。

ティラノサウルス

中生代白亜紀に生息
した獣脚類といわれ
る肉食恐竜。

ブラキオサウルス

竜脚類という首の長
い恐竜、全長25m、
体高は16mともいわ
れる。

① **手の甲が顔タイプ：指4本縫い合わせ人形**

「指4本縫い合わせ人形」は、4本の縫い合わせた指が顔になる人形です。親指に舌をつけ顔部分に耳をつければ、犬やオオカミになる手袋人形の基本形です。ここでは、子どもに大人気の「恐竜(ティラノサウルス)」(写真9-17)をつくり、演じてみたいと思います。

1)つくってみよう
材料は以下のとおりです。

写真9-17　ティラノサウルス

> ・カラー手袋(緑色)
> ・フェルト(緑、赤、白)
> ・動眼(2cm)

図表9-1　ティラノサウルスのつくり方

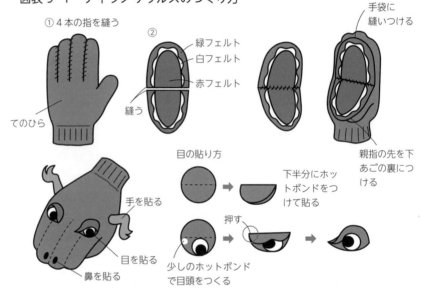

2)演じてみよう

テ(ティラノサウルス):「ガオー、ボクは、ティラノサウルス。走るのが
　　　速い肉食恐竜だぞ」
ト(トリケラトプス):「ガオー、ボクは、トリケラトプス。自慢の角で向
　　　かっていくぞ」
保(保育者):「(両手にある手袋人形を見ながら)ティラノサウルスもト
　　　リケラトプスも両方とも強そうだね。お相撲をとったらどっちが強い
　　　のかな」
テ:「ガオー、ボクだよ」
ト:「ガオー、ボクだよ。じゃあ相撲をとろう」
テ:「おぅ、受けて立つ」
保:「皆はどちらが強いと思う?」

恐竜相撲

作詞・作曲 大野雄子

1.きょうりゅう　たちにー　あいたいなー　ゆくてはー　さ　んじょうきー

ジュらき　はくあきー　いろんな　きょう　りゅう　いるけれどー　おすもう　とったら

だ　れがつよ　いー　（はっけよーい、のこった・・・・）　ティラ　ノ　サ　ウルス　（ティラ　ノ　サ　ウルス）

ブラキ　オ　サ　ウルス　（ブラキ　オ　サ　ウルス）　ステ　ゴ　サウルス　（ステ　ゴ　サウルス）　みんなともだち

ー　トリケ　ラ　ト　プ　ス　（トリケ　ラ　ト　プ　ス）　アンキロサウルス　（アンキロサウルス）

ぼくたちー　つよいぞー　おお　あば　れ

「東〜、ティラノサウルス。西〜、トリケラトプス。はっけよい残った…ティラノサウルスの勝ち！」

「では、皆で一緒に恐竜相撲の歌をうたいましょう」（➡上の楽譜参照）

② ばんざいタイプ：指 3 本縫い合わせ人形

「指 3 本縫い合わせ人形」は、人差し指、中指、薬指の 3 本の指を縫い合わせ、その部分を顔として、耳や目、口をつけます。親指と小指を手にすると、どのような人物も動物もつくることができる手袋人形の基本形です。ここでは「せっけんマン」の人形をつくり、子どもが手を洗うことの大切さに気づけるよう演じてみましょう。

1）つくってみよう

材料は次頁のとおりです。

📝 **プラスワン**

トリケラトプス

中生代白亜紀に生息した草食恐竜。顔に 3 本の角をもっている。

トリケラトプス

ステゴサウルス

ジュラ紀に生息した剣竜類。背中に剣の形の骨質の板がある。

ステゴサウルス

アンキロサウルス

中生代白亜紀に生息。体中が楕円のこぶのような装甲に覆われ、ハンマー状の尾をふりまわす。

アンキロサウルス

9 コマ目　劇遊び③…オペレッタと手袋人形

写真9-18
せっけんマンとばい菌

- カラー手袋（水色）
- フェルト（水色・赤・黄・紺・黒）
- 白いネット
- メラミンスポンジ（約6cm×6.5cm×2.5cm）
- 動眼1cm 2個
- ボン天（アクリルの玉）（ピンク1cm径、しろ1.5cm径）
- マジックテープ®

図表9-2　せっけんマンのつくり方

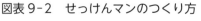
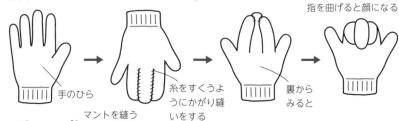

指を曲げると顔になる

手のひら　糸をすくうようにかがり縫いをする　裏からみると

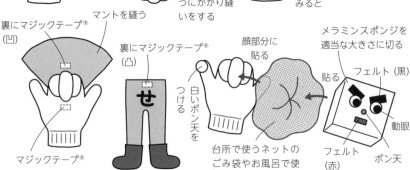

裏にマジックテープ®（凹）　マントを縫う　裏にマジックテープ®（凸）　顔部分に貼る　白いボン天をつける　メラミンスポンジを適当な大きさに切る　貼る　フェルト（黒）　動眼　フェルト（赤）　ボン天　台所で使うネットのごみ袋やお風呂で使うネットたわし　マジックテープ®

ばい菌は、ペールオレンジ色のカラー手袋に複数のボン天を貼りつけた。

📣 **プラスワン**

正しい手洗い
「手のひら→手の甲→爪→指の間→おやゆび→うで」の順に洗う。

演じ方は自由に考えてくださいね。

2）演じてみよう

保（保育者）：「手をきれいに洗いたいな。どうやって洗ったらいいんだろう。そうだ、『せっけんマン』に聞いてみよう。皆で、せっけんマンを呼んでみよう」

──────「せっけんマ〜ン！」──────

せ（せっけんマン）：「はーーい」（マントの裏の面テープに身体を貼ると、せっけんマンが飛んでいるように見えます）

せ：「せっけんマン、ただいま参上。手をきれいに洗うよい子は、どこにいるかな。せっけんでばい菌やウイルスをやっつけてね」

保：「ところで、せっけんマン、手はどうやって洗うの？」

せ：「先生、ぼくにまかせてください。皆もぼくと一緒にやってみてね」
「まずは手のひらゴシゴシ、手の甲スリスリ、次は爪コチョコチョ、指の間シュッシュッ、最後におやゆびブンブン」
「上手に洗えたかな？」

せっけんマン

作詞・作曲　大野雄子

1.(てのひら)バン バ ラ バン　　バン バ ラ バン　　バン バ ラ バン バン　　バン(ハイ)
2.(つめ)　バン バ ラ バン　　バン バ ラ バン　　バン バ ラ バン バン　　バン(ハイ)
3.(おやゆび)バン バ ラ バン　　バン バ ラ バン　　バン バ ラ バン バン　　バン(ハイ)

(手の甲)バン バ ラ バン　　バン バ ラ バン　　バン バ ラ バン バン　　バン(ハイ)　　せっ　けん
(指の間)バン バ ラ バン　　バン バ ラ バン　　バン バ ラ バン バン　　バン(ハイ)　　せっ　けん
(うで) バン バ ラ バン　　バン バ ラ バン　　バン バ ラ バン バン　　バン(ハイ)　　せっ　け

星 から ー　　やって きた ー ー　その 名 を 聞いて　おど ろ く なー
ぶく ぶく ー　　あ わ だ てて ー　コロナ ウィルス やっ つ けろ ー
て あら い　　2 か い する ー　みんな が できる　よ ぼ う さく ー

ー ー ー　きいろい マントを ー　な び か せた ー ー　ぼくの
ー ー ー　きい ろ い マントで ー　ひ とみ と び ー ー　きみの
ー ー ー　きい ろ い マントは ー　きみ の もの ー ー　きみも

な ま えは せっ け ん マン ー ー ー ー(せっけんマンただ今参上)
ま ち まで や っ て く る ー ー ー(手を洗って待っててね)
きょう から せ っ け ん マン ー ー ー(せっけんパンチ)

歌うだけでなく、踊ったり、ごっこ遊びやゲームをしたりしても楽しそうですね。

9 コマ目

劇遊び③‥オペレッタと手袋人形

保：「皆の手がとてもきれいになったね。せっけんマンへのお礼に『せっけんマンの歌』を歌いましょう」（➡上の楽譜参照）

③ 歩行するタイプ：トコトコ人形

　次は、人形の背中から中指と人差し指で足を動かし、トコトコと歩いているように見える手袋人形の基本形です。手袋は左右合わせて一組使い、歌に合わせて歩いたり、複数の保育者で寸劇を演じるときに使います。

　材料は、カラー手袋（一組）、毛糸、フェルト、ボン天（ピンク1cm径）などを使います。

写真 9-19　うさぎとかめ

写真 9-20　ふしぎなポケット

図表9-3 トコトコ人形のつくり方

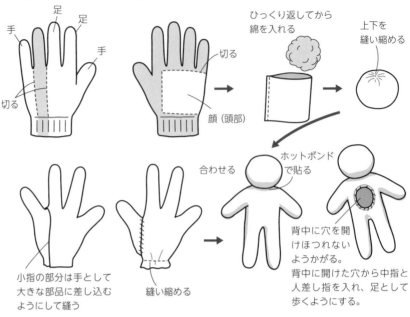

写真9-19、9-20は、「うさぎとかめ」と「ふしぎなポケット」の人形です。

「うさぎとかめ」では、トコトコと歩いたり走ったりするうさぎの役柄の特徴を演じやすくなります。また、「ふしぎなポケット」では、女の子のポケットのなかに厚紙でつくったビスケットを入れておき、足踏みに合わせてビスケットに付けたテグスを引っぱり、ビスケットを引き出していきます。

子どもたちはそれぞれのイメージを膨らませ、友だちと分かち合うことを楽しんだり、工夫を楽しむ保育者の姿を見て「次は何が出てくるかな…」と、創造的につくり上げていくおもしろさを知っていきます。

【参照動画】

以下に動画が掲載されていますので、参照してみましょう。

https://www.youtube.com/
watch?v=Out_yZaTa6A (恐竜相撲
の演じ方、2022年1月31日確認)

https://www.youtube.com/
watch?v=Zs7J37aeM8E (せっけんマ
ンのつくり方、2022年1月31日確認)

おさらいテスト

❶ オペレッタでは [　　　　] から発表会につなげる指導を心がける。

❷ 練習時に [　　　　] を演じてみることは、オペレッタの指導の大切なポイントである。

❸ 手袋人形は子どものイメージを豊かにし、[　　　　] や [　　　　] の概念を身につけられる。

手袋の余った指先で耳をつくるとさまざまな動物をつくることができますよ。

演習課題

つくってみよう、演じてみよう

① 実際に「恐竜相撲」や「せっけんマン」を演じてみて、どのようなところがポイントになりましたか。子どもに演じるときに気をつけたいと感じたところや、おもしろかったところなどをまとめてみましょう。

② 手袋人形の 3 種類の基本形を学びましたが、それらを生かし自分のオリジナルの手袋人形をデザインしてみましょう。

わらべうたと手遊び

今日のポイント

1. わらべうたは伝承遊びの一つであり、地域によって歌詞、旋律やリズム、遊び方は異なる。
2. 保育におけるわらべうたや手遊びは、保育者と子どもの大切なコミュニケーションツールの一つである。
3. ソーシャルメディアの普及にともない、わらべうたや手遊びに関しても情報リテラシー能力を身につけることが求められる。

1　わらべうたと手遊びについて

1　わらべうたとは

わらべうた*は、古くは「童謡（わらべうた）」と表記していた時代もありましたが、大正期の童謡運動以降、「唱歌*」や作曲家によってつくられた「童謡*」と区別するために、「わらべうた」とひらがなで表記されるようになりました。

わらべうたは日本語から発展し、遊びのなかで歌と結びついて生成されてきました。子どものうたは時代によって変化し、子ども自身がつくったもの、子どもの身近にいる大人が子どものためにつくったもの、そして作詞家や作曲家が創作したものなどがあります。

平安時代に、後白河法皇が編纂した歌謡集『梁塵秘抄』のなかに、「遊びをせんとや生まれけむ　戯れせんとや生まれけむ　遊ぶ子どもの声きけばわが身さへこそゆるがるれ」とあるように、当時から日本の子どもたちは歌いながら遊んでいたことが古い文献から読み取れます。江戸時代になり、釈行智*が、子守唄やあそびうたを集めた『童謡集』を1820（文政3）年頃に書いており、これが日本で最初に発行されたわらべうたに関する書物とされています（図表10-1）。小学校3年生の音楽の共通歌唱教材の1曲となっている「うさぎ」や「かごめかごめ」などもここに掲載されており、以後新しいわらべうたも創作されるようになりました。

「かごめかごめ」は、皆で手をつないでつくった輪の中央に、一人が目隠しをしてしゃがみます。輪をつくっている子どもたちが回りながら歌い、歌が終わったときにしゃがんでいる子どもの後ろにいる人が誰かを当てるという遊びです。現在でも歌い継がれている歌詞は以下のようなものです。

「かごめかごめ　かごのなかの鳥は　いついつでやる　夜あけのばんに　つるとかめがすべった　うしろの正面だあれ」

❶ かごめかごめ
うしろのしょうめん

❷ だあれ

オニは目をつぶって真ん中に座ります。ほかの子は手をつないで輪をつくり、歌いながら一方向に回ります。

オニの真後ろにきた子は、オニの名前を呼ぶ、もしくは動物の鳴きマネをするなどしてヒントを出します。

オニが真後ろの子が誰かを当てられたら、その子とオニを交代して繰り返し遊びます。

1820年の『童謡集』には以下のように掲載されています（下線は筆者による）。

「かァごめかごめ　かごのなかの鳥は　いついつでやる　夜あけのばんに

　つるつるつッペェつた　なべのなべのそこぬけ　そこぬいてたァもれ」

下線部は「なべなべそこぬけ」の一節が挿入されているかのような歌詞になっています。このように、皆さんがよく知っているわらべうたも、時代とともに歌詞や遊び方が変化しているのです。

『童謡集』に掲載されている歌詞は、当時43歳の行智が、幼い頃に歌い遊んでいた記憶によるものですので、これが原型であるとは断定できません。行智が子どもの頃に歌ったこの歌も誰かから伝承されたものであり、元々の歌とは異なる歌詞、遊び方がなされて

きたのでしょう。この**伝承性**、そして**変容性**こそがわらべうたの本質であるといえます。行智は、「思えば昔のことだが、まだ最近のことのように思っていた。年はとっても気はいつも若く、やはり子どもと一緒に遊びたい心持ちである」（筆者現代語訳）と述べており、このような遊びの記憶というものは、いつの時代においても童心に帰るものであるということが感じとれます。

図表10-1　『童謡集』にあるかごめかごめ

出典：『近世文藝叢書11』図書刊行会、1912年（釈行智『童謡集』1820年）

2　わらべうたの分類と音楽的特徴

わらべうたの遊びの形態については、わらべうた研究の第一人者である小泉文夫＊が次の9つに分類しています。

①唱え歌（原則として歌うこと、唱えること、それ自体を目的とするもので、数え歌、悪口、はやし言葉、早口言葉など）

釈行智
1778〜1841
江戸時代に伝わったわが国の子守唄やわらべうたを集成し、『童謡集』を著した。当時のわらべうたや子守唄を子どもの暮らしの背景がよくわかるように書き残すなどして、その伝承に努めた。

プラスワン

わらべうたの伝承性・変容性

わらべうたは歌い継がれていくなかで、長い年月をかけて変容しながら伝承され続けていることが特徴である。楽譜に採譜されたものや教科書等に掲載されているものはあくまで一例としてとらえるべきものであり、遊びのなかで歌詞や遊び方などは柔軟に変化するものである。

10
コマ目

わらべうたと手遊び

小泉文夫
1927〜1983
民族音楽学者であり、わらべうた研究の第一人者。中近東、東南アジア、アフリカなど40か国以上を飛び回り、現地で録音した音楽を約30年間にわたってラジオやテレビで紹介、ヨーロッパ一辺倒の日本の音楽界に刺激を与えた。

お手あわせは、今でいうと「アルプス一万尺」のようなものです。手あわせ遊び、などともいわれています。

②絵かき歌

③おはじき・石けり（遊び道具を地面あるいは机の上にほうって遊ぶ遊び）

④お手玉・はねつき（遊び道具を上にほうり上げて遊ぶたぐいのもの）

⑤まりつき

⑥縄跳び・ゴム縄、じゃんけんグー・チョキ・パー遊び

⑦お手あわせ

⑧からだ遊び（遊び道具の代わりに、体の一部分、または体全体を使って遊ぶもの）

⑨鬼遊び

　この分類方法は日本だけでなく、世界のわらべうたも同じ分類原理で当てはめるために考案されたものです。そのため、小泉がわらべうたを収集した1950年頃の日本でもあまり馴染みのなかった「おはじき」なども含まれています。

　わらべうたはある一定の音階のなかで歌われることが多いのが特徴で、使われる音数から「2音歌」「3音歌」「4音歌」「5音歌」などがあります。これらをみると、子どもたちが日常の遊びのなかで何気なく唱えている言葉というものは、ほぼわらべうた音階でできていることがわかります。

①「2音歌」の例

〈呼びかけ〉

〈どれにしようかな〉

②「3音歌」の例

〈かくれんぼ〉

〈せっせっせ〉

③「4音歌」の例

〈いけないんだ〉

遊びのなかで何気なく言っているフレーズも実はわらべうただったのですね。

④「5 音歌」の例

〈うまはとしとし〉

うま　は　と　し　と　し　な　いて　も　つ　よ　い　うま　は

つ　よ　いか　ら　のりてさん　も　つ　よ　い　　ぱかっ　ぱかっ

①〜④に共通するわらべうた音階

レ　ファ　ソ　ラ　ド　レ

○は核音、●は中間音

3　手遊びとは

　体の一部分である手や指を使った遊びを総称して、手遊びといいます。手遊びに関する実践的な書籍は数多く出版されていますが、理論研究は少なく、「指遊び」「からだ遊び」「顔遊び」なども一般には「手遊び」と称されています。

　手遊びには、わらべうたとともに古くから受け継がれているものと、新たに創作されているものとがあります。現在でも、あそびうた作家として活動している人たちが数多くの手遊びを発表しています。子どもは、大人のまねをしながら歌や遊びを覚えていくので、身近な手や指を使った手遊びは、子どもたちにとって楽しめる活動の一つです。

　手遊びは、体の動きと歌と言葉をともなった複合的な営みであり、感覚の発達、運動能力の発達、手行為能力の発達、言語能力の発達、社会性*の発達、音楽的な発達などに寄与します。触覚、聴覚、視覚、嗅覚、平衡感覚などの感覚器官は生後 1 年で90％が発達するといわれており、これらは、運動能力や言語能力などと関連をもちながら発達します。乳児は、これらの諸器官を通じて外界からの刺激を受けとめ、知能や情緒を発達させていきます。養育者や保育者、友だちとのふれあいがその後の安定した成長を支えることになります。

　また、音楽的特徴として、手遊びの多くは西洋音階、つまり「ドレミファソラシド」でできています。これは、外国の民謡に日本語の歌詞を当てた歌が多いことや、西洋音階が浸透した時代以降につくられた歌がほとんどであるためです。わらべうたに比べると音域*が広く、跳躍進行*があり、複雑なリズムが使われているなどの特徴がみられます。

2　保育におけるわらべうたと手遊びの実践

　実際に体を動かしながら、わらべうたや手遊びを体験してみましょう。

📝 語句説明

社会性

→集団をつくって生活しようとする人間の根本的な性質。具体的には「心の理解」能力、共感・思いやり、協調性、道徳性・規範意識などがあげられる。非認知スキルの重要な要素の一つ。

音域

→音の高低の幅のこと。

跳躍進行

→音程が 3 度（ドーミ、ファーラなど）以上離れた進行のこと。

また、それぞれのわらべうたや手遊びはどのような場面でどのような活用が望ましいかを考えながら実践していきましょう。なお、掲載している楽譜のリズム、音程、歌詞は地域によって異なる場合があります。

1　いちり・にり・さんり・しり（0歳児〜）

「いちり（一里）」とは距離を表す単位で、約3.93kmを表しています。「一里、二里、三里…」と数えながら赤ちゃんの足首、ひざ、ももをもってフリフリしてあげます。最後は「しりしりしり〜」とお尻をくすぐってあやしてあげましょう。

❶いちりー　❷にりー　❸さんりー　❹しりしりしり〜

子どもの両足首を優しくにぎります。／両足のひざを優しくつかみます。／両足のももを優しくつかみます。／子どもの表情を見ながらお尻をくすぐってあやします。

「四里」と「尻」をかけた言葉遊びになっているのですね。

いちり　にり　さんり　しりしりしりしり

2　あがりめさがりめ（0歳児〜）

「顔遊び」といわれる遊ばせ遊びの一つで、目のまわりを指で触れることで表情が変化する顔を楽しむ遊びです。子どもの顔を保育者が指でなぞってあやしたり、保育者が自分の顔でやってみせたりすることもできます。「ぐるっと」は「ぐるりと」、「ねこのめ」は「にゃんこのめ」と歌われることもあります。2番の「とっとのめ」はニワトリの目を指します。

❶あがりめ
子どもの目じりを上げます。

❷さがりめ
目じりを下げます。

❸ぐるっとまわって
目じりをぐるりと回します。

❹ねこ のめ
目じりを引っ張り上げます。

1. あ　が　り　め　　さ　が　り　め　　ぐるっ　と　まわっ　て　ね　こ　の　め
2. あ　が　り　め　　さ　が　り　め　　ぐるっ　と　まわっ　て　とっ　と　の　め

3　**いないいないばあ（0 歳児〜）**

　保育者が両手で顔を隠し、「ばあ」で両手を広げて顔を出す、あやし遊びの定番です。「ばあ」のタイミングを変えたり、両手を横にずらすなど顔の出し方を変えたり、ハンカチや布を使って顔を隠したりしてみましょう。

❶ いないいない

❷ ばあ

い　な　い　い　な　い　　　　　　　　ばあ!

4　**にんどころ（0 歳児〜）**

　「にんどころ」とは「似ているところ」という意味です。「あなたのこの部分は誰に似たのかな？」という想いを込めて歌う遊ばせ遊びです。「だいどう」という歌詞は、「大きな童＝大切な子」と「大きな道（大道）」がかけ言葉になっています。子どもの顔で遊んだあとは子どもの手をやさしくもち、保育者の顔で同じように遊ぶこともできます。最後は子どもの脇の下をくすぐってあげましょう。

❶ ここはとうちゃん
　にんどころ

子どもの右のほおを軽くつつきます。

❷ ここはかあちゃん
　にんどころ

左のほおを軽くつつきます。

❸ ここはじいちゃん
　にんどころ

おでこを軽くつつきます。

❹ ここはばあちゃん
　にんどころ

あごを軽くつつきます。

❺ ほそみちぬけて

眉間から鼻にかけてすっとなでます。

❻ だいどう

顔全体を円を描くようになぞります。

❼ こちょこちょ

脇の下をくすぐってあやします。

皆さんが知っている遊びはありますか？

10
コマ目

わらべうたと手遊び

ここは とうちゃん にんどころ　　ここは かあちゃん にんどころ　　ここは じいちゃん にんどころ

ここは ばあちゃん にんどころ　　ほそみち ぬけて だいどう こちょこちょ

5　にぎりぱっちり（0歳児〜）

　グーとパーで楽しめる遊びです。「にぎり」はグー、「ぱっちり」は「パー」を表します。「横」と「ひよこ」がかけ言葉となっています。最後はひよこになって両手をパタパタしましょう。

まだグーとパーができない乳児でも、大人が子どもの手を優しく握って形をつくってあげるとよいですね。

❶にぎり	❷ぱっちり	❸たてよこ	❹ひよこ ピヨピヨ ピヨーッ

子どもの両手をグーにしてにぎります。	両手をパーに開きます。	「たて」で両手を上から下に、「よこ」で左右に広げます。	ひよこのように両手をパタパタとさせます。

に　ぎり ぱっちり　たてよこ　ひよこ　　ピヨ ピヨ ピヨ　ーッ

6　なべなべそこぬけ（4歳児〜）

　2人ペアになって両手をつなぎ、上から見たときに底が抜けた鍋に見立てます。手を離さないで、向かい合った状態から背中合わせにひっくり返ったり、また戻ったりする遊びです。どうやったらできるか、じっくり考えながら遊んでみましょう。

❶なべ なべ そこぬけ そこが ぬけたら

2人で両手をつなぎ、歌に合わせて組んでいる手を左右にゆらします。

❷かえりま

両手をつないだまま体をひっくり返します。

❸しょう

背中合わせになったら成功です。

※このあと歌に合わせて、背中合わせの状態から向かい合わせの状態に戻ってみましょう。

な べ　な べ　そ こ ぬけ　　そ こ が ぬけたら　かえりま　しょう

〈バリエーション〉

3 人以上で輪になって、2 人組のときと同じようにひっくり返ったり元に戻ったりして遊びます。やり方としては、どこか一つだけトンネルをつくり、皆でそのトンネルをくぐればひっくり返ることができます。保育者はあえて答えを示さず、子どもたちと一緒に考えながら時間をかけて問題解決できるようにするとよいでしょう。

準備　3 人以上で手をつないで輪になります。あらかじめトンネルにする場所とくぐるときに先頭になる人を決めておくとスムーズですが、どうすればひっくり返れるか一緒に考えてもよいですね。

❶ なべ なべ そこぬけ
　そこが ぬけたら
歌に合わせて手を前後にゆらします。

❷ かえりま
2 人がつないでいる手を高く上げてトンネルを 1 つつくり、1 人ずつくぐっていきます。

❸ しょう
全員がくぐったら背中合わせになって、きれいな円になれたら成功です。

※このあと歌に合わせて、背中合わせの状態から向かい合わせの状態に戻ってみましょう。

> 同じ遊びでも少しルールを変えるだけで遊びが発展しますね。

10 コマ目　わらべうたと手遊び

7　**グーチョキパーでなにつくろう**（斎藤二三子 作詞／フランス民謡）（2 歳児〜）

グーチョキパーを組み合わせて何かに見立てる「見立て遊び」です。グーとチョキで「かたつむり」、グーとパーで「めだまやき」、チョキとチョキで「かにさん」などです。はじめは保育者が見本を示してもよいですが、遊び方がわかってきたら子どもたちに何ができるか問いかけ、子どもとやりとりしながら楽しみましょう。旋律はフランス民謡「フレール・ジャック」で、この民謡はほかにもさまざまな歌に用いられています（「かねがなる」「りんごがごろごろ」など）。

1番

❶ グーチョキパーで グーチョキパーで

歌に合わせて両手でグーチョキパーを
つくります。

❷ なに つくろう　なに つくろう

両手をパーのまま左右にゆれます。

❸ みぎてが チョキで　ひだりても チョキで

順番に右手をチョキ、左手もチョキにします。

❹ かにさん かにさん

チョキの指をハサミのように
動かします。

❸ みぎてが チョキで　ひだりてが　グーで

順番に右手をチョキ、左手をグーにします。

❹ かたつむり かたつむり

右手の甲に、グーにした左手
をのせて、かたつむりのよう
に動かします。

8 やきいもグーチーパー（阪田寛夫 作詞／山本直純 作曲）
　（3歳児〜）

　おなかがグーで「グー」、あちちのチーで「チョキ」、なんにもないよで「パー」。グーチョキパーが歌詞と関連している楽しい手遊びです。最後の「（やきいもまとめて）グーチーパー」のところを「（やきいもまとめて）じゃんけんぽん」と替え歌にし、じゃんけん遊びにすることもできます。

❶ やきいも やきいも
　おなかが

歌に合わせて 6 回手拍子します。

❷ グー

両手をグーにしておなかに当てます。

❸ ほかほかほかほか
　あちちの

湯気のように両手をグーパー交互に動かします。

❹ チー

両手をチョキにします。

❺ たべたら なくなる
　なんにも

左右交互にぱくぱく食べるしぐさをします。

❻ パー

両手をパーにします。

❼ それ やきいも
　まとめて

「やきいも…」から 4 回手拍子します。

❽ グー チー パー　順番にグーチョキパーにします。

バリエーション

（ ❽ のかわりに）
❶ じゃんけん

かいぐりをします。

❷ ぽん
じゃんけんをします。

やきいもやきいも　おなかがグー　ほかほかほかほか　あちちのチー

たべたらなくなる　なんにもパー それ やきいもまとめて グー　チー　パー
　　　　　　　　　　　　　　　　　　　　　　　　（じゃん けん ぽん）

〈バリエーション〉

　全身を使った集団遊びに発展させることもできます。5 人組をつくり、横一列に並んで手をつなぎます。5 人で協力して一つの手になって遊んでみましょう。一人ひとりがそれぞれの指を担当します。「パー」の形をよく見てみると扇形のように親指と小指が少し横に傾いています。「グー」は全

手遊びを集団遊びに発展して遊ぶこともできるのですね。ほかにどのような遊びに発展できるか考えてみましょう。

員しゃがみ、親指は家族を守ります。「チョキ」は人差し指と中指だけが立ってVの字になります。「やきいもグーチーパー」の歌に合わせてグーチョキパーを5人で協力してつくって遊びます。最後は「じゃんけんぽん」で何を出すかあらかじめ相談して、保育者とじゃんけん大会をすることもできます。

 3 保育におけるわらべうたと手遊びの意義

　手遊びは、ともするとその面白さや新しさ、レパートリーに目が行きがちになります。しかし保育における手遊びは、隙間時間を埋めるためのものでも、子どもの注意を引くための道具でもありません。なぜなら、そのような場合は子ども主体ではなく保育者主体であり、大人の都合に合わせて手遊びを利用していることになってしまいます。では、手遊びは何のために行うものなのか。今一度、その意義を考えてみましょう。

　保育者が手遊びを始めると、多くの場合、子どもたちは興味をもってまねをしようとします。このとき子どもたちは、「何が始まるんだろう?」「面白そう」「やってみたい!」など、さまざまな感情を抱きます。言葉には示さなくても、体や表情は自然と保育者の動きや歌に呼応する形で反応します。この体や表情、歌を通じてのやりとりの大切さに気づけば、保育における手遊びの意義がみえてくるのではないでしょうか。

　わらべうたや手遊びは、身体言語であり、歌であり、目の前にいる大切な子どもとのコミュニケーションツールの一つです。遊びのなかで子どもたちの表現したい気持ちを保育者が受け止め、共感することは、社会性を育むための大切なプロセスです。

　わらべうたや手遊びは、繰り返してこそのおもしろさがあります。保育学生が実習ではじめて手遊びをやってみたところ子どもたちの反応が悪く、1回で終わりにしてしまったということを耳にすることがあります。はじめての手遊びの場合、子どもたちは「なんだろう?」で止まってしまいます。2回行うと「あっ、こうなるんだ」と徐々にわかってきます。3回行うと「次は何だろう?」とその先を予測する楽しみ方が生まれます。このように、繰り返すことで子どもたちの遊び方に変化が生まれていくのです。

こうした歌や遊びの記憶が定着することで、自ら口ずさんだり、友だち同士の遊びに発展していったりするのです。

　わらべうたや手遊びでは、保育者と子どものやりとりが遊びを育んでいきます。先に取り上げた「グーチョキパーでなにつくろう」で遊ぶ際、もし保育者が、「1回目はチョキとチョキでかにさん、2回目はパーとパーでちょうちょう、3回目は…」という具合に一方的に計画してしまっては、子どもたちは保育者が演じるのをまねするだけで終わってしまいます。

　しかし、「右手はグーで、左手はパーで…あっなにができたかな？」と、音楽を一旦中断しながら子どもとのやりとりを挿入してみるとどうでしょうか。「めだまやき！」と答える子どもや「ヘリコプター！」と答える子どもがいるかもしれません。そして「あっ、本当だ、めだまやきができたね」「ヘリコプターに変身したね！」「ほかに何かできるかな？」などと、保育者が応答することでコミュニケーションが生まれます。このように、わらべうたや手遊びは、保育者と子どもをつなぐコミュニケーションツールとして保育に生かしていくことができるのです。

　わらべうたや手遊びは、面白さ、新しさ、レパートリーなどに目をやるのではなく、歌や遊びを通してどのようなやりとりが楽しめるのか、どのような活動に発展できるのか、そしてそれによって子どもたちのどのような成長が期待できるのかといった視点をもつことが大切です。

4　ソーシャルメディアの普及によるメリットとデメリットについて

　最後に、伝承性とソーシャルメディアの普及による課題について取り上げます。わらべうたや手遊びが伝承遊びの一つであることは先に述べたとおりです。伝承遊びというのは、長い時間をかけて次の世代へと語り継がれていくものですが、近年ではYouTube、Twitter、Instagram、Facebookなどのソーシャルメディアの普及により、その情報スピードが急速化しています。すぐに必要な情報にたどり着けるというメリットがある半面、このことがもたらす問題点についても考えておく必要があります。

　わらべうたや手遊びは、実際の遊びのなかで他者と呼吸を合わせようとしたり、ともに体を動かしたりということを繰り返しながら伝承されてきました。この直接的なふれあいを通してリズム感や音程感を自然と享受してきたのです。一方、ソーシャルメディアの場合、このような直接的なふれあいはなく、一方的な情報提供に過ぎません。このように考えたとき、ソーシャルメディアによる伝承は、はたしてこれまでの伝承性と同じものと呼べるでしょうか。

　また、手遊びなどのあそびうたは、作詞者や作曲者がいる場合があります。手遊びもわらべうた同様、目の前にいる子どもに合わせてそのつど変化させながら遊ぶことは保育現場ではよくありますが、ソーシャルメディアで情報提供している人のなかには原曲についてきちんと調べずに、歌詞、

10コマ目　わらべうたと手遊び

💬 **プラスワン**

ソーシャルメディア
インターネットなど、誰もが参加できるような情報発信技術を用いて、相互のやりとりを通じて広がっていくように設計されたメディア。

ソーシャルメディアは便利なツールではありますが、デメリットも考える必要がありますね。

音程、リズムなどを自己流に覚えており、そのまま拡散してしまっているケースもあります。著作権の観点からも、この状況を楽観視することは難しくなっていくでしょう。しかし、その情報スピードは今後も加速していくことが予想されます。

ソーシャルメディアの普及は大きなメリットであり、うまく活用していくことが最善であることは間違いありません。そのためには、一つの情報源だけを鵜呑みにするのではなく、たとえば同じ手遊びでも複数の情報源を参照するなど、教材研究を慎重に行う必要があるのではないでしょうか。個人で自由に情報を世界中に拡散できる時代だからこそ、それを視聴する側（学習者）が注意して、必要な情報を取捨選択する情報リテラシー*能力を身につけていくことが求められます。

語句説明

情報リテラシー

→情報を目的に応じて使用できる能力のこと。

おさらいテスト //

❶ わらべうたは [　　　　] 遊びの一つであり、地域によって歌詞、旋律やリズム、遊び方は異なる。

❷ 保育におけるわらべうたや手遊びは、保育者と子どもの大切な [　　　　] の一つである。

❸ ソーシャルメディアの普及にともない、わらべうたや手遊びに関しても [　　　　] 能力を身につけることが求められる。

//

演習課題

わらべうたや手遊びについて考えを深めよう

①皆さんの知っているわらべうた「どれにしようかな」に続く歌詞はどのようなものでしょうか。それぞれ発表し合い、気づいたことをまとめましょう。

［　　　　　　　　　　　　　　　　　　　　　　　　　　　　　　　　　　　］

②子どもたちに静かにしてもらうことを目的とした手遊びについて、子ども主体という観点からどのように考えますか。まわりの人と意見交換し、自身の考えをまとめてみましょう。

［　　　　　　　　　　　　　　　　　　　　　　　　　　　　　　　　　　　］

③ソーシャルメディア（YouTubeなど）を用いて、同じわらべうたや手遊びがどのように歌われているのか調べてみましょう。また、どのような違いがあるのか発表し合い、気づいたことをまとめましょう。

［　　　　　　　　　　　　　　　　　　　　　　　　　　　　　　　　　　　］

11コマ目

玩具と遊具

今日のポイント

1. 発達に即した玩具は、子どもの生活を豊かにし、健全な心身の発達を促す。
2. 園にある玩具、絵本、遊具は子どもにとって身近な環境であり、子どもはそれらを通してさまざまなことを学んでいくため、興味をもつようなものを選ぶことが重要である。
3. 遊具には固定遊具と移動遊具がある。特に固定遊具には、そのもので遊ぶことによる体の諸機能の発達のほか、幼児の興味や関心が戸外に向くようにする役割もある。

1 乳幼児と玩具

1 玩具（おもちゃ）とは

皆さんは、「玩具」と聞いて何を思い浮かべますか。『広辞苑』によれば、玩具とは「子供のもてあそびもの。娯楽を助け、また活動を誘導するのに役立つもの。おもちゃ」とあり、同様におもちゃを調べてみると、「子供が持って遊ぶ道具。がんぐ」とあります。漢字の「玩」には「もてあそぶ（手にもって遊ぶ）、遊ぶもの」という意味があり、手にもって遊ぶことができるものを総称して「玩具（おもちゃ）」と呼びます。

「玩具」といわれてもイメージが浮かばない人であっても、「おもちゃ」と聞けば何らかのものを思い浮かべることができるのではないでしょうか。しかし、「おもちゃ」と聞いてイメージするものは、人によって大きく異なるでしょう。「おもちゃ」には実にたくさんの種類があり、子どもの頃に親しんできた「おもちゃ」は、時代によっても人によっても大きく異なると考えられるからです。

また、皆さんの多くは、「おもちゃ」と聞くと、おもちゃ屋さんやデパートなどの大型店舗のおもちゃコーナーに並んでいるような、商品化されているものをイメージするでしょう。しかし保育現場では、今でも多くの手づくりおもちゃが子どもたちや保育者の手から生み出され、楽しまれています（➡ **5** 手づくりおもちゃ参照）。

2 玩具の種類

現在商品化され、販売されているような玩具は、図表11-1のようにたくさんの種類があります。

図表11-1　玩具の種類

①ゲーム	ボードゲーム、ジグソーパズル、電子ゲーム、テレビゲーム、カードゲーム、手品など
②男児玩具	男児キャラクター（戦隊ヒーローものなど）、ミニカー、レールトイ（電車のおもちゃ）、ラジコンなど
③女児玩具	きせかえ人形（リカちゃんなど）、ままごと、女児キャラクター、コレクション人形（シルバニアシリーズなど）、トイドール（世話をするのが目的の人形）、ドレスやコスメなど
④基礎玩具	乗り物、知育玩具、乳児用おもちゃ、楽器、ブロック、積み木、書籍（絵本など）、幼児キャラクターなど
⑤ぬいぐるみ・人形	ぬいぐるみ、和人形・洋人形、アンティーク人形など
⑥ホビー	プラモデルやラジコン、鉄道模型、銃やその関連商品など
⑦季節もの・その他	花火や正月用品（羽子板など）、ひな人形、五月人形、小物玩具（ビー玉やめんこなど）、食玩など
⑧雑貨	文具、季節用品、キャラクター商品など
⑨メディア	マルチメディア（キッズビデオなど）、パソコンなど

出典：社団法人日本玩具協会『玩具業界統一商品分類コードハンドブック（1999年改訂版）』1999年をもとに作成

　実習やボランティアなどで保育施設に足を運んだことがある人は、保育室内に置いてあった玩具を思い出してみてください。おそらく、保育室のなかには、さまざまな種類のものが置かれていたのではないでしょうか。また、子どもの年齢によっても置かれている玩具の種類は違ったのではないかと思います。絵本や紙芝居、わらべうたなどほかの児童文化財と同様に、玩具もまた発達に即したものであれば子どもの生活を豊かにし、子どもの健全な心身の発達を促すものになるのです。

3　保育における玩具の歴史

　フレーベル*は、1831年に、世界ではじめての幼稚園を創設しました。そこでは、幼児が自然の法則を理解するための道具として「恩物」と呼ばれる木製の立方体、球、八面体などが子どもたちに与えられました。これが、積み木の原型ともいわれています。

　また、モンテッソーリ*は、独自の教育法（モンテッソーリ教育）を実践するために、200もの教育玩具（感覚教具）を開発しました。子どもたちは自ら好きなものを選んで遊ぶなかで質量や数量への感覚を養い、同時にそれらを形容するような言語の力を身につけるとされています。

　どちらにもいえるのは、玩具を用いて遊ぶことを通して、子どもたちが何かしらの力を身につけることが期待されていたということです。そして、現在の保育においても同様の考え方がなされているといえます。

11
コマ目

玩具と遊具

フレーベル
Fröbel,F.W.A.
1782〜1852
ドイツの教育者、教育思想家。世界初の幼稚園である「kindergarten（幼児園）」を設立した。

モンテッソーリ
Montessori,M.
1870〜1952
イタリアの幼児教育者であり、医学博士。独自の幼児教育「モンテッソーリ教育」を確立した。

■ 4 保育における玩具の特徴と役割

　家庭のなかでの玩具は、第1子であれば、その子どもの成長に合わせて増えていくものかもしれませんが、第2子以降の年下の子どもにとっては、兄姉が楽しんだものがすでにあるものとして置かれていることが多いでしょう。

　では、保育施設のなかではどうでしょうか。年齢別のクラスに分かれている保育施設では、その年齢の子どもに合った玩具が置かれています。そして保育者は、保育室に置いてある一つひとつの玩具に対して、「この玩具で遊ぶと○○のような育ちがみられるのではないか」というような願いをもっています。つまり、保育者は、なんらかの意図をもって保育室に多様な玩具を置いています。ここでは、図表11-1の分類をもとに、保育室内に置かれることの多い主な玩具とその特徴について考えてみましょう。

• ゲーム（図表11-1 ①）

　4、5歳になれば、簡単なルールのあるカードゲームを楽しむことができます。カードゲームのよいところは、室内の比較的狭い空間で楽しむことができること、仲間がいないとなかなか楽しめないことです。たとえば、トランプの代表的な遊びに「ババ抜き」があります。おそらく皆さんもやったことがあるでしょう。ルールが単純で、家庭などで経験したことがある子どもも多いため、保育室で「ババ抜きをしようよ」と呼びかければ、誰でも比較的簡単に仲間入りすることができます。このようなカードゲームは、ふだん一緒に遊ぶことが少ない幼児同士が同じ場で関わり合いながら楽しむことができ、新しい友だちとの出会いにうってつけの玩具であるといえます。

　また、ジグソーパズルは、乳児向けのごく簡単なもの（ピース数が数個のもの）から、幼児向けの80ピース前後のものまでが一般的です。素材は、木製や紙製、プラスチックなどがあります。紙製は安価で手に入りやすいが濡れると形が変わってしまい、口にものを入れる姿が多くみられる月齢の頃の子どもには、木製の大きなサイズのものがよいでしょう。小さな子どもにとってパズルは個別的な遊びとなりますが、年齢が大きくなると友だちと一緒に取り組んだり、わからなかったら保育者や友だちに尋ねたり、わかるところは友だちに教えてあげたりという姿がみられるようになります。ジグソーパズルには、集中力や手先の器用さなどが求められ、また、全体像をイメージしながらピースをはめ込むには論理的な思考力も必要になります。

• 男児玩具、女児玩具（図表11-1 ②③）

　保育施設においても、電車や車の玩具、ままごとの玩具などが置かれ、それらは、「男児向き」「女児向き」とされているかもしれません。しかし、子どもたちの好みは性別によって決定されるわけではなく、年齢が小さければ小さいほど、子どもは自分自身の性別を意識していません。「男児向き」「女児向き」にこだわることなく、日々子どもと関わる保育者自身が、その玩具を楽しむ子どもの姿をていねいにとらえていけるとよいでしょう。

• ブロックや積み木・乳児用玩具など（基礎玩具）（図表11-1 ④）

　ブロックや積み木は、つくりたいものをイメージしながら色や形の組み合わせを考えて取り組みます。また、すぐに完成できることは少なく、ある程度の時間をかけてじっくり取り組むことになり、遊びながら思考力や集中力、イメージをふくらませる力などを身につけていきます。ブロックや積み木は、立体のものを構成する玩具ですので、空間を認知する能力も育てるといわれています。

　保育施設のなかで、3、4歳くらいの子どもがブロック遊びをしているところを見ていると、最初のうちは数名の子どもがそれぞればらばらに、思い思いのものをつくって楽しんでいる（並行遊び）のですが、やがてまわりの友だちがどのようなものをつくっているのか興味をもち、まねをして、同じようなものをつくり始めることがあります。そうすると、同じようなものをもつ子ども同士の関わりが生まれるようになり（連合遊び）、やがてごっこ遊びのようなものに発展して役割が生まれたりします（協同遊び）。

　ブロックや積み木は、室内のある程度限られた空間で楽しむことが多く、数が十分に用意されていれば、子どもたちが自由に出入りしやすい遊びです。また、いったん始めると、ある程度長い時間その場にとどまることになり、子ども同士の関わりが生まれやすい遊びでもあるといえます。

　保育施設に置いてあるブロックや積み木にはたくさんの種類があります。ぜひ、実習などの際には、各年齢の保育室に置かれているものを比べてみてください。ピースの大きさや形の違いをみることができると思います。

　乳児用玩具は、その名のとおり、生後間もない赤ちゃんに与えられる玩具です。未発達の聴覚や視覚に働きかけるような温かな色みや、過度に刺激的ではない音、緩やかな動きがあるものが多く、代表的なものとしてはガラガラ、起き上がり人形、乳児の頭上に飾るようなメリーなどがあげられます。

積木
写真提供：自由学園生活工芸
　　　　　研究所

• ぬいぐるみ・人形（図表11-1 ③⑤）

　女児玩具に分類されているようなお世話を楽しむための人形（メルちゃんやポポちゃんなど）に限らず、小さな子どもたちは、人形を世話をする対象として遊びに取り入れたり、人形を用いて（人形を動かすことでその役を演じて）ごっこ遊びを楽しんだり、抱き心地やさわり心地を楽しんだりする姿がみられます。

　お世話人形は、小さな子どもたちの「赤ちゃんのお世話をしたい」という欲求を満たし、自分がお兄さん・お姉さんになった気持ちを味わわせます。小さな相手に優しくふるまおうとする、そんな気持ちの芽生えをみることができます。またそこから、家族ごっこ、人形が病気になったといえば病院ごっこ、人形が成長すると保育所ごっこや学校ごっこなど、さまざまなごっこ遊びに展開していくこともあります。また、人形を着せ替えることでは手先の細やかな動きも求められます。

　人形が活用されるのは遊びの場面に限りません。たとえば、不安な気持ちでいる子どもに人形を用いて話しかけることで緊張を解くなどのように、

11
コマ目

玩具と遊具

保育者が人形を用いて子どもを励ましたり注意したりすることもよく行われています。

● 季節もの・その他（図表11-1 ⑦）

　正月には凧揚げ、こま回し、カルタ、すごろくなど、この時期ならではのさまざまな遊びがあります。凧揚げ、こま回しや縄跳び、けん玉、ヨーヨーなどは繰り返し練習をすることで技能を上達させ、達成するおもしろさを味わえます。このような遊びでは、できるようになるまで取り組む粘り強さやいろいろな取り組み方を試す力などが育まれます。また、目標をもち、それをクリアすることで味わうことができる達成感は、子どもの心を一回りも二回りも成長させます。

　3月の桃の節句や5月の端午の節句には、ひな人形や五月人形、こいのぼりなどを飾り、子どもの成長を祝う慣習があります。これら日本の四季や文化に根ざしたさまざまな行事や活動は、子どもの生活を豊かにするものです。現代では生活環境も以前と大きく変わり、家庭で年中行事を楽しんだり、日常のなかで季節の移り変わりを実感したりすることも難しくなっています。保育者として、ぜひ子どもたちと一緒に、さまざまな行事や遊びを楽しんでください。

　伝承遊びと呼ばれるような人から人へと伝えられてきた遊びに用いる玩具（たとえば、ビー玉やおはじき、ベーゴマ、メンコなど）の多くは、仲間と一緒にルールのある遊び方で楽しむことができます。

5　手づくりおもちゃ

　保育施設では、市販の玩具のほかに、たくさんの手づくりおもちゃを見ることができます。子どもに身近な保育者が、そのクラスの、その時期の子どもたちの興味・関心に合わせて製作する手づくりのおもちゃは、安全で安価で、子どもたちが繰り返し楽しむものが多いようです。

　たとえば、1歳前後の子どもは、ティッシュペーパーを箱から出すことを楽しみます。ボックスティッシュは、引っ張っても引っ張っても新しいティッシュが顔を出しますので、それが楽しくてたまらないようです。しかし、毎日毎日新しいボックスティッシュを与えるわけにはいきません。そこである保育者は、ハンカチやバンダナなどの布を結び合わせ、長くつなげたものをティッシュの空き箱に入れ、同じような引き出す動きが繰り返し何度でも楽しめるようなおもちゃをつくりました。初期費用はかかるかもしれませんが、汚れたらほどいて洗濯することもでき、衛生面に優れ、ティッシュが無駄にならずにすみます。なにより色とりどりの布類に子どもたちは大喜びでした。

　また、3歳前後の子どもは、指先でものをつまむことができるようになり、自分で衣服のボタンかけをすることができるようになります。遊びながら指先の力を加減したり、指先をコントロールしたりできると、生活面でも役に立つことが多いのです。そこで、ある保育者は、丸型に切った段ボールにライオンの顔を描きました。洗濯ばさみをたくさん用意し、それをライオンの顔の周りにくっつけていくと、たてがみになります。思い思

いにカラフルなたてがみをくっつけて、自分だけのライオンづくりを楽しんでいる間に、しだいに子どもたちの指先の動きは滑らかになっていきます。

　これらの例のように、手づくりおもちゃも市販の玩具と同様、保育者の「子どもの育ちのために」という願いやねらいがあることが多く、目の前の子どもに合わせてカスタマイズできるのも、手づくりおもちゃの魅力であるといえるでしょう。

2　乳幼児と遊具

1　遊具とは

　遊具も玩具と同様、遊びのために使用する道具のことを指しますが、玩具との大きな違いはその大きさです。手にもって遊べる大きさのものを「玩具」と呼び、それより大きなものを「遊具」と呼びます。遊具には、「固定遊具」と「移動遊具」があり、「固定遊具」は一般に、公園などに置かれていて、子どもたちが遊びに使用する設備のことです。滑り台、ブランコ、ジャングルジム、シーソー、うんていなどがあげられ、対して「移動遊具」は、手にもてないけれども子どもたちが遊びに使うもの、たとえば三輪車、自転車等の乗り物や箱車などがあげられます。

2　保育のなかの遊具

　遊具は、乳幼児期の子どもの心身の発達にとって重要な役割を果たすとされています。「保育所保育指針」や「幼稚園教育要領」のなかで、遊具に関してのさまざまな記述があります。

　たとえば、「保育所保育指針」の1歳以上3歳未満児の保育に関わる記述のなかには、以下のようなものがあります。

> 「保育所保育指針」第 2 章 2（2）「ねらい及び内容」ウ（イ）
> ②　玩具、絵本、遊具などに興味をもち、それらを使った遊びを楽しむ。

　園にある玩具、絵本、遊具は、子どもにとって身近な環境であり、子どもはそれらを通してさまざまなことを学んでいきます。保育者は、子どもが興味をもつようなものを選び、設定していく必要があります。

　さらに、3歳以上児の保育に関する記述のなかには、以下のようなものがあります。

> 「保育所保育指針」第 2 章 3（2）「ねらい及び内容」ア（ウ）
> ③　自然の中で伸び伸びと体を動かして遊ぶことにより、体の諸機能の発達が促されることに留意し、子どもの興味や関心が戸外にも向

11
コマ目
玩具と遊具

くようにすること。その際、子どもの動線に配慮した園庭や遊具の
配置などを工夫すること。
「保育所保育指針」第2章3（2）「ねらい及び内容」イ（イ）
⑫　共同の遊具や用具を大切にし、皆で使う。

　これらの記述から、遊具とはそのものを用いて遊ぶだけではなく、遊具
を介して戸外に関心が向くように誘いかけたり、遊具を皆のものとして大
切にするような気持ちを育てたりするものでもあるということが読み取れ
ます。

3　固定遊具

　先にも述べたとおり、「固定遊具」とは、子どもたちが遊びに使用する
設備を指します。保育所や幼稚園では、すべり台、ブランコ、ジャングル
ジムなどが設置されていることが多いのですが、設置する固定遊具の種類
に特に定めはありません。しかし、どのような遊具であっても国の安全基
準を満たしていること、破損や腐食などがないかという点検（安全点検＊）
を定期的に実施することが求められています。

　保育施設でみられる主な固定遊具と特徴は、以下の通りです。

① ブランコ

　座板を2本の鎖で支柱から吊り下げた形のもの（前後に動く）と、タイ
ヤなど円形の座面を3本の鎖で支柱から吊り下げた形のもの（全方位に動
く）、複数名が向かい合って座る形のものなどがあります。鎖やロープに
よってぶら下げられた座面に乗り、前後に揺らしてこぐことによって振り
幅を徐々に大きくして楽しむ遊具です。揺れに対して体をコントロールす
る必要があり、バランス感覚を身につけます。

　遊び方には、一人座り乗り、立ち乗り、2人乗りなどさまざまな乗り方
があります。園児数に対して、数は2つから4つ程度と多くはないことが
多く、順番を守って遊ぶこと、交代で遊ぶことなども身につけることがで
きるといえます。

② 滑り台

　はしごや階段などで上に上り、上ったところから斜面を座って滑り下り
る遊具です。斜面を滑り下りる爽快感を楽しみます。遊び方としては、座っ
て滑る以外にも腹ばいになって滑り下りるなど、子どもがいろいろ試みる
ことがあります。

　高い位置から滑り下りる遊具のため、落下などに気をつける必要があり
ます。また、斜面を逆に上ろうとする子どももおり、その際には転倒や、滑
り下りてくる子どもとの衝突などによるけがが起こり得ます。

　一人ずつ順番に滑り下りる遊具ですので、順番を守って遊ぶことが自然
と身につきます。

③ ジャングルジム

　金属製のパイプの骨組みやロープなどでつくられた遊具です。上ったり、
ぶら下がったり、座ったりして遊びます。多くは、金属製の立方体を組み

語句説明

安全点検

→事故を未然に防止
するための点検のこと。
遊具のサビや塗装の
はがれ、ボルトのゆる
み等を確認する。多く
の施設では毎日、遊
具に異常がないかを
目視で確認するだけ
でなく、学期に1回、
年に1回などの頻度
で、より入念な点検を
行っている。点検の結
果、必要に応じて、使
用方法の注意、補修、
使用停止等の措置を
講じる。

合わせた形をしていますが、木製のジャングルジムや球形で地面に平行に回転するグローブジャングルジムなどもあります。

　子どもが「〇段目まで上りたい」「上れた」と、自分で判断しながら上る高さを決めたり、挑戦したりすることができます。また、くぐったりまたいだりと、自分の体をどのようにコントロールしながら動けばよいか考えながら取り組むことができる遊具です。

　ジャングルジムは、ごっこ遊びなどで複数階建てのおうちに見立てるなど、遊びの場としても人気の遊具です。

④ 鉄棒

　2本の支柱の間に1本の水平な鉄の棒が渡されている遊具です。ぶら下がったり、回転したりして遊びます。瞬発力や筋力、平衡感覚などが身につきます。

⑤ うんてい

　金属パイプ製のはしごを横方向に水平に設置した遊具です。ぶら下がりながら手を伸ばして移動したり、上に上って渡るなどして遊びます。アーチ状になっているうんていは「太鼓はしご」と呼ばれ、主に上を渡って遊びます。

⑥ のぼり棒

　地面に直立した棒状の遊具で、腕や脚の筋肉を用いて棒を伝って上って遊びます。鉄製のものが主ですが、竹製のものなどもあります。

　なお、「幼稚園設置基準」第10条には、「学級数及び幼児数に応じ、教育上、保健衛生上及び安全上必要な種類及び数の園具及び教具を備えなければならない」とあり、「保育所保育指針」や「幼保連携型認定こども園の学級の編制、職員、設備及び運営に関する基準」にも、同様の文章があります。

　また、「幼稚園施設整備指針」には、「固定遊具等は、幼児期の心身の発達にとって重要な役割を果たすことを踏まえ、（中略）自然の樹木や地形の起伏等を遊具として活用することや（中略）衛生面も考慮しつつ」「幼児数や幼児期の発達段階、利用状況、利用頻度等に応じ必要かつ適切な種類、数、規模、設置位置等を検討することが重要である」とあります。しかし固定遊具は一度設置したら移動することは困難です。その点、移動することが比較的容易な可動遊具（小型から中型の太鼓はしごや簡易式の鉄棒など）や、組み立て遊具（たとえば、大型箱積木や巧技台、パネル、ビールケース、すのこを組み合わせるなど）であれば、子どもの動きに合わせて配置をし直したり、子ども自身が組み立て直したりすることができ、子どもの遊びの様子を見ながら適正に配置することがしやすいといえます。

◤4◢　そのほかの遊具

　遊具には、ほかにも以下のようなものがあります。
・三輪車
・二人乗り三輪車

●さまざまな遊具

ジャングルジム

うんてい（太鼓はしご）

大型箱積木

四輪トロッコ

11
コマ目

玩具と遊具

・スクーター
・ストライダー
・自転車
・トロッコ
・手押し車

　これらはすべて、乗り物やそれに類する遊具です。乗って楽しむだけでなく、別の場所に移動する手段として使用したり、ものを運ぶのに用いたり、ごっこ遊び（例：電車ごっこなど）に用いたりと、多様な遊び方がみられます。

おさらいテスト

❶ 発達に即した玩具は、子どもの生活を豊かにし、健全な [　　　　　] を促す。

❷ 園にある玩具、絵本、遊具は子どもにとって身近な [　　　　　] であり、子どもはそれらを通してさまざまなことを学んでいくため、[　　　　　] をもつようなものを選ぶことが重要である。

❸ 遊具には [　　　　　] 遊具と [　　　　　] 遊具がある。特に [　　　　　] 遊具には、そのもので遊ぶことによる [　　　　　] の諸機能の発達のほか、幼児の [　　　　　] が戸外に向くようにする役割もある。

演習課題✎

幼児期を振り返ってまとめてみよう

- -

　自分が幼児期から児童期にかけてどのような玩具で遊んでいたか、振り返って考えましょう。

①あなたが保育所や幼稚園に通っていた頃、どのような玩具で遊ぶのが好きでしたか。その理由もあわせて書いてみましょう。

②あなたが小学校低学年の頃、高学年の頃には、どのような玩具で遊ぶのが好きでしたか。その理由もあわせて書いてみましょう。

③4～5人のグループをつくり、上の①②の情報を共有しましょう。そこから、それぞれの年齢の子どもが好む遊び（方）について、考えてみましょう。

保育施設にある玩具について、
年齢別にまとめてみよう

　皆さんが実際に実習に行ったとき、実習先の子どもたちはどのような玩具で遊んでいましたか。4～5人のグループをつくり、使用されていた玩具と、それらの玩具のもつ特徴について、年齢別にまとめてみましょう。

①0歳児

[
]

②1歳児

[
]

③2歳児

[
]

④3歳児

[
]

⑤4歳児

[
]

⑥5歳児

[
]

演習課題

保育施設にある固定遊具について、遊び方をまとめてみよう

- -

①あなたが幼児期に通った保育施設や実習先の保育施設には、どのような固定遊具があり
　ましたか。遊具の種類をあげてみましょう。

②また、その遊具は主にA「どの年齢の子」がB「どのような遊び方」を楽しんでいましたか。
　もしかすると、同じ遊具でも年齢によって楽しみ方が異なるかもしれません。わかりや
　すくまとめてみましょう。

③4〜5人のグループをつくり、①②でまとめた内容を共有しましょう。

11コマ目

玩具と遊具

第3章

伝統行事と伝承遊び

この章では、保育所や幼稚園で行われる伝統行事と、伝承遊びについて学んでいきます。保育所などではさまざまな年中行事が行われています。日本の伝統行事を中心とした、さまざまな行事の内容や由来について理解を深めましょう。また、長い年月をかけて人から人へと継承されている伝承遊びは、近年存続の危機にさらされています。遊びの専門職である保育者として、伝承遊びを知っておくことは大切なことです。

保育における1年の行事

今日のポイント

1. 園で行う行事やイベントの経験は、子どもたちの一生でかけがえのないものになる。
2. 日本列島は縦に長いため季節の行事内容が異なっている。
3. 子どもの発達を見きわめ、記念日や行事に参加できるように促すことが大切である。

■重要語句

万葉集

→奈良時代末期に成立したとみられる日本に現存する最古の和歌集。

■プラスワン

子どもの通過儀礼

日本には、子どもが健やかに育ってほしいという願いや、無事に成長したことへの感謝を表す節目の行事や習わしがある。7歳までの代表的な子どもの通過儀礼は、以下のとおり。

①帯祝い(妊娠5か月目の戌[いぬ]の日):安産を願って岩田帯をつける

②お七夜(生まれた日から7日目:赤ちゃんに名前をつけ、白紙に書いて神棚や仏壇などに貼ってお祝いをする

③お宮参り(生まれた日から男児は31日目、女児は33日目):子どもが生まれてはじめて産土神(氏神や神社)に参詣し、子どもの健康と長寿を祈る

④お食い初め(生まれた日から100日目から120日目):子どもにはじめてご飯を食べさせる

---

1 保育における行事の意味

　親が子を思う気持ちは、古くから詩歌にも美しく詠われています。
山上憶良は「銀も金も玉も　何せむに　まされる宝　子にしかめやも」(万葉集*巻5)と詠み、子どもは金銀財宝にも代えがたき宝であるとしています。

　また、同じ時代の無名の母親によって詠われた「旅人の　宿りせむ野に霜降らば　吾が子羽ぐくめ　天の鶴群」(万葉集巻9)にも、自分の子どもを遠い旅に発たせた母親の、純粋な母性愛の響きが感じられます。

　しかし昨今の核家族化や地域社会の崩壊は、わが国で昔から脈々と伝えられてきた子どもの記念日や行事、あるいは祖先が大切にしてきたわが国の生活文化の成り立ちやその内容を、のちの世代に語り伝えていくということを難しくしているのではないでしょうか。それは、日本人は諸外国の人に比べ、自らの文化や生活のありさまを大切にする意識が低いのではと思われ、また、家庭の機能も変化し、結果的に子どもの通過儀礼や記念日、行事を各家庭で行うことが少なくなってきていることからもわかります。

　園では、①季節の変化やさまざまな文化に触れる、②日本の伝統的な遊びを楽しむ、③保護者と子どもの成長を共有する、④子ども同士で一つの行事に参加する楽しみを知るなどして、さまざまな行事が行われています。

　「保育所保育指針」第2章3(2)「ねらい及び内容」ウ(ウ)「内容の取扱い」④で、「文化や伝統に親しむ際には、正月や節句など我が国の伝統的な行事、国歌、唱歌、わらべうたや我が国の伝統的な遊びに親しんだり、異なる文化に触れる活動に親しんだりすることを通じて、社会とのつながりの意識や国際理解の意識の芽生えなどが養われるようにすること」とあり、行事を通じて地域や家庭の四季折々の伝統的な行事に触れる機会が大切であることが記載されています。

このコマでは、保育における一年の年中行事について取り上げます。しかし日本列島は縦に長く、そのため気候や温度に差があり、結果的に文化や伝統芸能にも差があります。また、園の設立母体（公立・学校法人立・社会福祉法人立・宗教法人立等）によっても行われる行事は異なります。したがって、全国の園で一般的に行われることの多い行事や記念日にとどめました。なお、そのほかに多くの園で行われている行事として、お誕生日会があります。

2 園で行われる主な年中行事

1 4月の行事

① 入園式

入園式は、新年度の最初に行われる行事で、保育者の紹介とともに入園する子どもたちを迎えます。子どもにとっての入園とは、生まれてから続いてきた親やきょうだいという血縁関係だけの生活から、見知らぬ多くの保育者や子どもたちとの共同生活に変わるという環境の変化であり、子どもだけでなく保護者も、緊張や不安を抱えている場合もあります。保育者は、温かい雰囲気で入園式が迎えられるよう事前の準備をしっかりと行い、式当日は役割を全うしながら、子どもが戸惑いや不安を乗り越えられるようていねいに援助し、支えていくことが必要です。

② お花見

かつて花見は、農作物の神様を迎えるために山野に出かける宗教行事で、旧暦の3月3日や4月8日に行うものと決まっていましたが、最近では気候変動の影響か、3月中にお花見が行われ、桜の花を見て楽しみ、桜の木の下でお弁当を食べるといったイベント色が濃くなっています。また、お花見には、三色花見団子（桃色と白：縁起物、緑：邪気を払う）や桜餅を食べるようになりました。

縦に長いわが国では、桜の開花は3月中旬から5月中旬と長く、全国各地の桜の名所で西から順に桜祭りなどが開かれ、またこの時期は、入・進学式、入社式などが行われ、人生の門出を祝うにふさわしい華やかな花といえましょう。

③ 交通安全

交通事故撲滅のため、全国で毎年春と秋の2回、原則として春は4月6日から15日まで、秋は9月21日から30日まで交通安全運動が実施されます。

この運動の目的は、交通安全の普及・浸透を図り、交通ルールの遵守と正しい交通マナーの実践を習慣づけるとともに、国民自身による道路交通環境の改善に向けた取り組みを進めることによって交通事故ゼロをめざすというものです。

特に春の交通安全運動は、新入園児に対する交通ルールの理解とマナー

⑤初節句：生まれてはじめての節句で、女児は3月3日のひな祭り、男児は5月5日の端午の節句

⑥七五三：男児は3歳と5歳、女児は3歳と7歳のとき、11月15日に氏神や神社にお参りして、健やかな成長と健康を祈る

プラスワン

昭和の日（4月29日）

「激動の日々を経て、復興を遂げた昭和の時代を顧み、国の将来に思いをいたす」として、昭和天皇の誕生日である4月29日に定められた国民の祝日である。

重要語句

八十八夜

→ 雑節（もともと中国の気候に基づいてつくられていたものを日本の気候に合わせ、農作業の目安としてつくられたもの）の一つで、立春から数えて八十八日目にあたる日を八十八夜といい、八十八夜に摘まれた新茶は栄養価が高く、この日にお茶を飲むと長生きするといわれている。またこの頃は季節の変わり目で、空気中の湿気が多く霜が降りることもあるが、八十八夜以降は霜の降りることはほとんどなくなり、稲の種まきを始めて、本格的な農作業に入る。

12 コマ目　保育における1年の行事

にも重点が置かれ、交通安全教室や警察官による交通マナーの向上や安全対策の浸透を図るためのさまざまなイベントが、各園や地域社会で行われています。新入園児の多いこの時期から、交通ルールが身につくように指導していきましょう。

2 5月の行事

① 子どもの日

かつて旧暦の5月5日は、昔の中国で定められた五節句の一つの「端午の節句」とされ、男児の節句でした。端午の「端」ははじめてという意味で、「午」は同音で「五」を指し、月のはじめの牛の日ということから5月5日になりました。1948（昭和23）年の新しい国民の祝日の公布によって、子どもの人格を重んじ、子どもの幸福を願うとともに、母に感謝する日として制定された、国民の祝日です。

端午の節句は、金太郎や鍾馗*、武者人形などの五月人形を飾り、こいのぼりを立て、ちまきや柏餅を食べてお祝いをするとともに、菖蒲やよもぎを使った厄除け行事が行われていました。菖蒲には邪気を祓い災厄を除く力があるといわれていて、菖蒲湯に入ったりします。

② 母の日（5月第2日曜日）

1907年、アメリカのウエブスターに住んでいたアンナ・ジャービスが、亡き母親の追悼会で母親が好きだった白いカーネーションを捧げ、集まった人々にもカーネーションを配りました。これがアメリカ全土に広がり、1914年、議会において、5月の第2日曜日をアメリカ国民の祝日として「母の日」が制定されました。

第二次世界大戦後、日本もアメリカにならい、5月の第2日曜日を「母の日」として祝うようになり、赤いカーネーションを贈るのが一般的になりました。

園における母の日の行事については、最近はひとり親家庭も多くなったことなどを理由として、母の日の前後に行われていた保護者参観をなくし、代わりに保育体験を行う園も増えています。

③ 芋苗の植えつけ

秋の収穫祭に向け、園庭や借りた農園に芋などの苗を植えつけます。

3 6月の行事

① 衣替え（6月1日）

更衣ともいわれ、平安時代の宮中で季節に合わせて衣服を変える習慣のことで、明治時代以降、6月1日は冬服から夏服に、10月1日から夏服から冬服に衣替えするようになりました。

学校などの制服があるところでは、6月1日を境に、それぞれの夏服に代える習慣が引き継がれているところもあります。冷暖房の普及した今日、徐々にすたれていく行事かもしれませんが、服装や自然の移り変わり、気候に目を向けたいものです。

② 歯と口の健康週間（6 月 4 ～ 10 日）

　6 月 4 日は、「6」（む）、「4」（し）の語呂合わせで虫歯予防デーとしていましたが、2013（平成 25）年から、歯と口の健康週間になりました。

　歯と口の衛生知識を広めるとともに、虫歯を予防するための習慣づけとその早期発見・早期治療を徹底することにより歯の寿命を延ばすこと、さらには国民の健康な体づくりを目的としています。

　園では、丈夫な歯をつくるために、歯に必要な栄養のある食事を出したり、口のなかを清潔にし歯を健康に保つため、歯磨きの習慣を身につけるように歯科医を招き、歯科検診をしているところもあります。

③ 時の記念日（6 月 10 日）

　『日本書紀』によると、天智天皇の時代、671 年の 4 月 25 日にはじめて漏刻と呼ばれる水時計が設置され、人々に時報が知らされたと記されています。この日は太陽暦にすると 6 月 10 日になることから、時の記念日と定められました。

　「保育所保育指針」第 2 章 3（2）「ねらい及び内容」ウ（ウ）「内容の取扱い」⑤で、「数量や文字などに関しては、日常生活の中で子ども自身の必要感に基づく体験を大切にし、数量や文字などに関する興味や関心、感覚が養われるようにすること」とあります。

　時の記念日には、一日の生活の決まりとして時間に関心がもてるよう、また、時間を有効に生かして使うことができるよう子どもたちに伝えることが大切です。年長児には、ボール紙等で自らの時計を製作することも考えられます。

4　7 月の行事

① 山開き・川開き・海開き（7 月 1 日）・プール開き

　日本には、山が民間信仰の対象になっているところが多々あり、その山をご神体として祀る神社などでは神事が行われ、一般的に 7 月 1 日に山開き祭を行います。

　海開きや川開きは山開きの行事に倣ったもので、解禁される日は地方によって異なります。川開きは花火大会や川漁の開始期という意味で用いられ、海開きは海水浴が解禁になる日で、海の安全を祈願して神事が行われます。

　この時期に、園では、プール開きが行われます。プール開きとは、その年にはじめてプールを使って活動を行う日のことです。常設のプールを備えた園もあれば仮説のプールの園もありさまざまです。また、安全にプールで遊ぶことができるように子どもたちと一緒に注意事項を確認するとともに、けがのないよう体を動かす前に準備体操を行うなど、水の事故を防ぐための安全指導も重要です。

② 七夕・七夕祭り

　七夕とは、7 月 7 日の夕方の意味で、その由来は、「織姫」と「彦星」が、一年に 1 度だけ会うことができるという中国の伝説が伝来し、日本古来の民間信仰と合わさってできたものといわれています。

プラスワン

てるてる坊主

晴天を願って軒下などにかけておく、紙や布でつくった人形。園外活動の前日などに、子どもたちが晴天を願って作製したりする。

夏至（6 月 21 日頃）

日の出から日の入りまでの時間が最も長い日を夏至といい、毎年、6 月 21 日か 22 日で、この日を境にだんだんと日が短くなっていく。「昼の時間が長い」というのは北半球での話で、南半球では同じ日が最も昼の時間が短い日になる。

プラスワン

そうめん

そうめんは奈良自体に唐から伝来した、索餅に由来するといわれている。平安時代には七夕に索餅を食べると病にかからないという中国の故事にならって、宮廷での七夕行事に索餅が取り入れられていた。江戸時代には、七夕にそうめんを供え物とする習俗が広まった。

五色の短冊

はじめは五色の糸を飾っていたものが、江戸時代に五色の短冊が使われるようになった。「木は青・火は赤・土は黄・金は白・水は黒（紫）」を表し、この五色を短冊や吹き流しに使用することにより、魔除けの意味をもたせたといわれている。

7月7日の前日までに「短冊」と呼ばれる細長い紙に願い事を書き、ひもで笹竹に飾ります。字の書ける子どもは願い事を自分で、書けない子どもは保育者に言って代わりに書いてもらったりします。また、折り紙などでつくったさまざまな飾りも笹竹に飾ります。

園では七夕集会や七夕祭りを開いて、保育者が絵本や紙芝居などを用いて七夕の伝説を話したり、子どもたちが皆で劇やお遊戯をしたり、七夕の歌を歌ったり合奏したりして楽しみます。

七夕は季節の変わり目を祝う年中行事として広く知られていますが、最近では、伝統的な方法で四季の移ろいを愛でることは少なくなってきました。地域によっては旧暦に近いかたちで1か月遅れの七夕祭りを行うところもあり、有名なものでは仙台の七夕祭り、青森のねぶた祭り、秋田の竿灯などがあります。

③ 海の日（7月第3月曜日）

1996（平成8）年7月20日、「海の恩恵に感謝するとともに、海洋国日本の繁栄を願う日」という趣旨で施行された祝日で、2003（平成15）年から7月の第3月曜日に変更されました。日本は四方を海に囲まれ、海との関わりなしに発展はなく、私たちの生活に大きな役割を果たしています。

夏休みを利用して子どもたちも海に行ったりするかと思いますが、くれぐれも海難事故は防ぎたいものです。

5 8月の行事

① お盆（8月15日・旧暦7月15日）・盆踊り（夏祭り）

旧暦7月15日、新暦に直して1か月遅れの8月15日に行うところが多いようですが、現代ではお盆休みというと8月中旬を指します。

お盆は、先祖を祀ることが行事の中心で、正確には盂蘭盆会といいます。盂蘭とは苦しみを救う、盆とはいろいろな供え物を盛って仏を供養するという意味で、仏を供養してその人の苦痛を救うための行事です。お盆は、祖先に恩を報ずるために行う供養ですが、祖先ばかりでなく、生存中の保護者にも孝養を尽くすことを説いている行事です。

この時期に、地域や園で夏祭りが行われます。園によっては、夕涼み会、お祭りごっこなど呼び名が異なり、また、子どもだけで行う園もあれば、保護者が積極的に参加して行うところもあります。保育者は、子どもの年齢に合わせたさまざまな遊びの準備が必要です。

② 夏休み（7月下旬～8月下旬）・お泊まり保育

夏休みは、子どもたちにとって約1か月の長期にわたり、ゆとりのある暮らしができる期間です。原則として夏休みは保育所ではほとんどありませんが、幼稚園から高等学校までは7月下旬から8月下旬まで、大学は7月下旬から9月上旬まで、役所や企業ではお盆の前後の数日間です。園や学校の休みは、地域によって異なります。

この時期、年長クラスの子どもたちを連れて園が所持している宿泊施設でのお泊まりキャンプに行く園や、自園でのお泊まり保育をする園もあります。お泊まり保育とは、主に年長児を対象に行われる行事で、園や公共

の研修施設などへの宿泊をともなう行事であり、多くの子どもにとっては生まれてはじめて親元から離れて夜を過ごす体験となります。「自信と自立心を育てる」「共同生活のなかで規則正しい生活をする」「一緒に寝泊まりすることによって、先生や友だちとのつながりをいっそう深める」などがねらいです。

　お泊まりキャンプでは、川で水遊びをしたり、山でハイキングをしたりテントで寝たりと、特に都市部に住んでいる子どもにとっては、ふだんの生活ではなかなか経験できないプログラムが盛りだくさん用意されます。キャンプから帰ってきたわが子の姿を見て、どこかたくましくなったと感じる保護者も多いようです。

6　9月の行事

① 防災の日（9月1日）

　1923（大正12）年9月1日に、関東地方を中心にマグニチュード7.9の大地震により、死者・行方不明者が14万人にも上ったといわれる関東大震災が発生しました。また、この時期は台風シーズンにもあたることから、1960（昭和35）年に「防災の日」と定められ、9月1日を含む一週間は「防災週間」とされました。日本は、地震以外にも台風、豪雨、豪雪、干害、冷害、津波などの自然災害が多く、日頃から災害についての認識を深め、防災に対処する心の準備をしておく必要があります。特に乳幼児を預かる園では、防災訓練が必要になります。

　園での避難訓練とは、実際の災害にあったときの対処方法を日頃から知っておく、意識しておくためにあります。実際に被害にあったときにパニックを抑えるための訓練ともいえるでしょう。多くの園では避難訓練の責任者、担当となる保育者を毎年決めているはずです。担当者は、事前に災害の想定、実施時間、避難方法、避難経路などを決め、意義のある避難訓練にしなければなりません。園における避難訓練には、以下のような目的があります。

・子ども：安全に避難したり逃げたりするために、保育者の指示にちゃんと従えるようにする。
・保育者：子どもたちを安全に避難させるために、正しい指示を出せるようにする。
・保護者：子どもたちが家庭で災害に遭遇したときにも、パニックに陥らず、慌てないで避難できるようにする。

　避難訓練を有意義なものにするためには、まずしっかりと事前に計画しておくこと、責任者となる職員と担当する職員をあらかじめ決めておくことが大切です。

② 十五夜（中秋の名月・9月中旬〜下旬）・お月見

　旧暦の8月15日の夜を十五夜といい、この日の月を「中秋の名月」といいます。なぜ中秋かというと、旧暦では7〜9月を秋とし、8月は秋の真ん中であり、8月15日の夜に出る満月ということでこのように呼ばれるようになりました。

プラスワン

「地震　その時10のポイント」
地震時の行動
①地震だ！　まず身の安全
地震直後の行動
②落ちついて　火の元確認　初期消火
③あわてた行動　けがのもと
④窓や戸を開け　出口を確保
⑤門や塀には　近寄らない
地震後の行動
⑥火災や津波　確かな避難
⑦正しい情報　確かな行動
⑧確かめ合おう　わが家の安全　隣の安否
⑨協力し合って救出・救護
⑩避難の前に安全確認　電気・ガス
（出典：東京消防庁ホームページ「地震　その時10のポイント」https://www.tfd.metro.tokyo.lg.jp/lfe/bou_topic/jisin/point10.htm 2021年9月10日確認）

敬老の日（9月の第3月曜日）
「多年にわたり社会につくしてきた老人を敬愛し、長寿を祝う日」として定められた国民の祝日。2003（平成15）年から9月の第3月曜日となった。園でも高齢者施設を訪問したり、園に高齢者を招いて敬老の日の集いなどを行い、高齢者に対する認識を深めるような行事をしているところもある。

12コマ目　保育における1年の行事

147

この夜は、ススキを飾って月見団子と里芋などの秋の収穫物をお供えし、月見をする風習があります。また、収穫したばかりの里芋を供え物とすることから、「芋名月」とも呼ばれています。

園でも、お月見のモチーフである月やウサギを折り紙で折ったり部屋に飾ったりと、園の行事を楽しんだり、お餅をつくり、お団子を丸めるなどのクッキング活動を通して、お月見をお祝いするところもあるようです。

7 10月の行事

① スポーツの日（10月第2月曜日）・運動会

1964（昭和39）年10月10日に東京オリンピックの開会式が行われ、この日を記念して「スポーツに親しみ、健康な心身を培う日」として1966（昭和41）年に「体育の日」として国民の祝日に制定されました。スポーツに親しむということは、皆でスポーツを楽しみましょうということです。

2000（平成12）年からは10月の第2月曜日に変更になり、2020（令和2）年、2回目の東京オリンピック開催（実際には1年後の7月・8月に延期）を機に、「スポーツの日」に名称変更されました。

園でも、スポーツに親しむ運動会は大きなイベントの一つです。多くの園では10月上旬から中旬にかけて行われています。運動会のねらいは、子どもたちが日頃の練習の成果を披露する高揚感や、友だちと協力して一つの目標へ向かう楽しさや達成感を味わうことです。

乳児クラスでは、途中で泣いたり座り込んだり嫌がったりする姿も見受けられますが、少しずつ年齢が上がるにつれ成長した姿が見られるようになります。

② 読書週間（10月27日〜11月9日）

1947（昭和22）年、「読書の力によって平和な文化国家をつくろう」を目的として設けられました。最近、子どもの活字離れが急速に進んでいますが、幼少期に親が子どもに本を読んであげる冊数が多いほど、その後、子どもが読む本の冊数が多くなっているようです（厚生労働省「21世紀出生児縦断調査結果の概要」2018年）。「親子読書の会」などを開催する園もありますが、読書の習慣を身につける配慮が求められます。

③ ハロウィン（10月31日）

キリスト教のあらゆる聖人を祭る祝日の「万聖節」の前夜祭のことで、万聖節とは、毎年11月1日に行われ、秋の収穫を祝い、悪霊を追い出す祭りの日です。ハロウィンでは、大きなカボチャをくりぬいて目鼻をつけたランタンを飾り、子どもたちが仮装をし、おやつをもらって歩く日としても有名です。日本でも、東京ディズニーランドのハロウィンパレードをきっかけに、1990年代後半から仮装をするイベントして、若者を中心に広がりました。

8 11月の行事

① 立冬（11月8日頃）

暦の上ではこの日から冬に入ります。この頃「木枯らし1号」が吹き、

プラスワン

鉄道記念日・鉄道の日（10月14日）

1872（明治5）年、当時の新橋〜横浜間で日本で最初の鉄道が開通。この日を記念して1922（大正11）年に日本国有鉄道（以下、国鉄）が「鉄道記念日」として制定した。1987（昭和62）年に国鉄は民営化されJRとなり、1994（平成6）年、JRグループをはじめとしたすべての鉄道事業者が祝う「鉄道の日」として復活した。

東北や北海道、北陸地方では初雪や初冠雪がみられるようになり、冬の気配が感じられます。園では、子どもたちが風邪やインフルエンザにかからないよう予防接種を行うなど、細心の注意が必要です。

② 七五三（11月15日）

　3歳、5歳、7歳というのは、中国で縁起がよいとされる奇数からきているようです。地方によって異なりますが、男児は3歳と5歳、女児は3歳と7歳のときにお宮参りをする通過行事の一つです。

　この行事は、江戸時代の中頃、男女3歳で「髪置」（髪が白くなるまで生きることができるよう）、男児5歳で「袴着」（はじめて袴を着る）、女児7歳で「帯解」（小袖という着物と縫帯を締める）の儀式を行い、成長の節目とすることが定着したとされています。晴れ着を着て千歳飴をもって、氏神や神社に家族でお参りし、祝詞をあげてお祓いを受けることが多いようです。千歳飴は江戸時代の宝永時代に浅草の飴屋が考案し、長生きするようにという意味で細長くつくられています。

　子どもたちの成長を記録しておくために記念写真を撮るなどして、七五三のお祝いをする園もあります。

9　12月の行事

① 餅つき大会

　正月用の餅を年末につくという習わしは、正月前の神聖な行事として行われてきました。臼やせいろにしめ縄などが張られ、臼の下に敷く藁は、塩で清められました。

　餅つき大会は、園では秋から冬にかけて開催されることが多く、保護者も参加するところもあります。大きな臼と杵で「ペッタン、ペッタン」と餅をつく様子はとても迫力があり、子どもたちも大いに喜びます。保育者が交代で餅をつく場合もあり、子どもたちから「○○先生がんばれー」との声援が送られ、盛り上がります。ついた餅は、子どもたちで丸めたり味つけをしたりして食べますが、餅がのどにつかえないよう注意が必要です。

　食育の一環として取り入れている園も多く、食べものの大切さや出来上がるまでの過程、皆で食べるおいしさを感じるとともに、食に興味をもっ

💬 **プラスワン**

煤払い

正月のお祭りに向けて神棚や家中を清め、神様を迎えるためのもの。しかし、現在では年末の大掃除として、1年間の汚れをきれいに落とし、新しい年を気持ちよく迎えるという、生活上の必要から行われている。

年越しそば

大みそかに食べるそばを年越しそばといい、そばは長くのびるから長寿になるようになどとの説がある。

プラスワン

疫鬼
疫病をはやらせようという神。

門松
松の木は昔から神霊が宿る木であるといわれ、新しい年を迎えるために家や屋敷の前に一対あるいは一本立てた。これが門松の由来である。

おせち料理
おせち料理は、めでたさが重なるように四段に重ねる。「数の子」は子孫繁栄、「田作り（ごめめ）」は五万米と書き豊作、「黒豆」はマメに暮らせるよう、「昆布巻き」は喜ぶに通じ、「金団」はお金がたまるよう、「海老」は腰が曲がるまでの長寿、「鯛」はめでたい、「鰤」は出世魚、「里芋」は子孫繁栄などの意味がある。

正月の遊び
代表的な遊びに、凧あげ、こま回し、羽根つき、手毬、かるた、福笑い、双六などがあるが、最近はこれらの伝承遊びは少なくなっている。

雑煮
本来は、大晦日に年神棚に供えてあった餅やお供え物などを混ぜて食べた。それによって力が授かると考えられていた。

てもらう狙いもあります。杵や臼は重く、手でこねるうえ、火気も使用するので、保育者は、衛生面・安全面で細心の注意が要求されます。

② 冬至（12月22日頃）

冬至とは、一年で夜が最も長く、昼が最も短い日です。毎年12月22日頃になります。

冬至には粥、かぼちゃ、こんにゃくなどを食べる習慣がありますが、これは、お供えした野菜類を神様と一緒に食べるということから起こった習慣のようです。

邪気を払う節目と考えられ、柚子湯に入ってかぼちゃを食べると風邪をひかないといわれています。また、疫鬼が赤い小豆を恐れるため、病気にかからないよう小豆粥を食べたり、「ん」のつく食品を7つ食べると「運」がつくと考える地方もあります。南瓜（かぼちゃ）、こんにゃく、ごぼう（ごんぼ）、銀杏、うどん、みかん、ぽんかん、ほうれんそう、昆布、大根、にんじん、寒天など、いずれもビタミンが豊富で栄養価の高い食品で、風邪予防のための理にかなったものです。園では、食育の一環として冬至食を出すところもあります。

③ クリスマス（12月25日）

クリスマスは、大多数のキリスト教徒が行う、イエス・キリストの降誕を記念する祭りで、この日を祝う習慣が日本に入ってきたのは明治時代以降です。キリスト教国家ではキリストの降誕を祝う日ですが、日本では子どもたちがサンタクロースにプレゼントをもらう日という意味合いが強く、宗教行事としてよりも社会行事として定着しています。

園では、園長がサンタクロースに変装するなど重要な年間行事の一つになっていて、モミの木や柘植、柊などの常緑樹にろうそくや豆電球などの飾り物をしたりして、楽しい雰囲気を高めています。

10 1月の行事

① お正月（1月1日～15日）・お正月お楽しみ大会

「もういくつねるとお正月　お正月には凧あげて　こまをまわして　遊びましょう」と歌われた正月は、「松の内」といわれる門松を立てておく1月15日までの期間を指します。しかし最近では、門松を立てておくのは6日の夕方までというところもあり、6日までをいう場合もあるようです。正月は、新しい年を運んでくる「年神様」を迎えるための行事で、おとそやおせちを用意して新しい年を迎えます。

凧あげやこま回し、福笑いなど、お正月にちなんだ遊びを楽しむ園も多く、お正月のお楽しみ会で伝承遊びを取り入れることは、日本の文化を伝えるうえでも大切な機会となります。たとえば、羽根つきは1年の厄をはねて、子どもの健全な成長を願う遊びとされています。

② 七草粥

お餅などの重たい食事のあとに、胃をきれいにするという昔の人の知恵です。かつては6日の夜から7日にかけて、せり、なずな（ぺんぺん草）、ごぎょう（母子草）、はこべら（はこべ）、ほとけのざ（田平子）、すずな

（かぶ）、すずしろ（大根）をまないたの上でたたいて刻み、「七草なずな唐土（とうど）の鳥が日本の国へ渡らぬ先に七草…」と 7 回唱えていたそうです。地域によって食材はさまざまですが、七草粥を食べて、伝統的な食への関心を高めている園もあります。

11　2月の行事

節分（2月3日頃）

　節分は、春を迎える季節に行われる行事として、今も全国的に行われている伝統的な行事です。立春（2月4日頃）の前日の夜に行われ、禍（わざわい）を追い払うためのやり方の一つに「豆まき」があります。一般的には、「鬼は外」「福は内」と言いながら家のなかを歩き回り、炒った大豆をまきます。このように言いながら豆をまくのは、「魔滅（まめ）」という縁起かつぎです。豆まきの後、「年取り（としとり）」という自分の年齢に 1 を加えた数の豆を食べますが、これは無病息災（むびょうそくさい）を願ったり、「忠実（まめ）」（体の丈夫なこと）になるようにという意味からです。

　また、柊（ひいらぎ）の枝に鰯（いわし）の頭を刺したものを家の入り口にかざるところもあります。柊は棘があり鬼が恐れるため、また鰯は鬼が嫌いなため逃げていくからといわれています。

　園でも、保育者から節分の由来を聞いたり、関連する絵本や紙芝居を読んでもらうことを通して、日本の伝統文化に対する理解を子どもなりに深めます。子どもたちは鬼の面や豆を入れるための枡（ます）をつくり、園庭や保育室で豆まきをします。また、食材に豆を使った給食を出している園もあります。

12　3月

① ひな祭り（3月3日）

　上巳（じょうし）の節句や桃の節句、弥生の節句とも呼ばれ、女の子の健康と成長を祝うお祭りです。ひな人形を飾り、桃の花やひし餅を供えて白酒やハマグ

📣 プラスワン

立春

冬の季節が終わり、春の季節に移るという意味で、立春から春分までの間にはじめて南から吹く強風のことを「春一番」という。立春を年越しと考え、今でも元日として祝う地方がある。

恵方巻き

節分の日に、一年の無病息災と商売繁盛を願い、その年の恵方（年神様のいる方角）を向いて太巻寿司を丸かぶりして食べる。関西地方や愛知県の風習で、「丸かぶり寿司」などと呼ばれている。七福神にちなみ、かんぴょう・きゅうり・しいたけ・だし巻き・うなぎ（穴子（あなご））・高野豆腐・田麩（でんぶ）など7つの具を入れる。

ひなあられ

通常、桃、緑、黄、白の 4 色で、四季を表している。

ひし餅

下から緑、白、赤の順に積まれている。緑は健康、白は清浄、赤は魔よけの意味があるといわれている。雪がとけ、草が萌え、花が咲くという解釈もある。

12 コマ目　保育における1年の行事

　もともと中国で行われていた上巳の節句という汚れを祓う風習と、日本の「人形信仰」が結びついたものといわれています。人形信仰とは、紙や草でつくった人形で体をなで、自分の穢れを人形に移して川や海に流すというものです。日本各地に残っている流しびなの原型ですが、現在では川が汚れるということから流しびなをやめ、ひな段飾りをするようになったようです。

　女の子のいる家庭では、ひな人形や桃の花、ひし餅、白酒などを飾ってお祝いをします。園でも、年間行事の一つとして「ひな祭り」を保育に取り入れているところが多くみられます。皆でおひな様を飾ったり、ひな祭りの歌を歌ったり合奏をしたりして楽しみます。

　子どもたちにはひな祭りの行事を通して、子どもの成長を見守り、祝ってくれる家族や保育者などの周りの人々の存在を改めて感じ取り、慈しみ育てられていることを実感できるようになってほしいものです。

② 卒園式（3月下旬）

　卒園式は、年長の子どもたちにとっては園生活最後の日で、在園児にとっては新しいところに飛び立っていく年長児を見送る儀式です。卒園式の内容は、各園の保育方針に基づき、限られた時間のなかで子どもたちや保護者、保育者の気持ちを大事につくり、入園したその日から卒園の日までの一人ひとりの成長が伝わっていくようなプログラムにしたいものです。

　また、祝辞や卒園証書を渡す時間、卒園児、在園児、保護者、来賓の人々を含めた座席など、その年の子どもの状態に応じて検討する必要があります。

おさらいテスト

❶ 園で行う［　　　　　］やイベントの経験は、子どもたちの一生でかけがえのないものになる。

❷ 日本列島は縦に長いため［　　　　　］の行事内容が異なっている。

❸ 子どもの［　　　　　］を見きわめ、記念日や行事に参加できるように促すことが大切である。

プラスワン

山遊び・海遊び

かつては、人々は忙しい農耕や漁労の仕事に入る前に、春の1日を野山や海辺に出かけて遊んだり飲食したりする習わしがあり、温暖な地方では3月3日に、寒い地方では4月8日頃に行っていた。遠足や花見の起源は、このような山遊び、海遊びにあるともいわれている。

演習課題

ディスカッション

- -

①現在では、かつての正月の遊びはほとんど廃れていますが、あなたが子どもの頃に遊んだ正月遊びはどのようなものがありましたか。また、あなたが通園していた園で興味をもった行事は何でしたか。グループに分かれ、話し合ってみましょう。

②全国学校給食週間（1月24〜30日）について話し合ってみましょう。

学校給食は、1889（明治22）年1月24日、山形県鶴岡町（現：鶴岡市）の忠愛小学校で開始されたのが起源です。忠愛小学校は、鶴岡周辺の貧困家庭の子弟を集めた各宗派の僧侶たちによる私立の小学校で、児童の学用品や弁当など、すべて学校が給与していました。時代の変化とともに、子どもの肥満や生活習慣病の増加、孤食などの新たな食の問題が生じ、こうした問題に対応するため、2005（平成17）年に「食育基本法」が成立し、2008年には、「保育所保育指針」「幼稚園教育要領」「小学校学習指導要領」において食育の推進が明記され、保・幼・小を含む国民全体として食育に取り組むことが確認されました。近年、食の内容が貧しかったり、1日3回の食事をとることができない子どもが増えています。このような状況をどのように思い、どのように解決するかをグループに分かれ、話し合ってみましょう。

13 コマ目

伝承遊び

今日のポイント

1. 伝承遊びとは、長い年月を超えて人から人へと伝承され、楽しまれてきた遊びである。
2. 伝承遊びの存続は、子どもを取り巻く環境の変化により危機的な状況にあり、保育の場が担う役割は大きい。
3. 保育者には、伝承遊びについて理解を深め、子どもが継続して遊びを楽しめるよう支えていくことが求められる。

1　伝承遊びと保育

1　伝承遊びとは

「あなたが幼い頃にした遊び*は何か」と問われたとき、思い浮かぶのはどのような遊びでしょうか。子どもの頃、好きだった遊びやよくした遊びをいくつか思い出してみましょう。おそらく、それらの遊びのなかには、古くから子どもたちに楽しまれてきた遊びがあるはずです。そして、現代においても、あなたが楽しんでいたものと同じ遊びを楽しんでいる子どもたちがいます。そのようにして、何百年、ときには千年以上という長い年月を超えて大人から子どもへ、子どもから子どもへと伝承され、楽しまれてきた「伝承遊び」があります。

伝承遊びには、人から人へと伝承される過程において、またその時代背景に影響を受け、遊びのルールや歌、かけ声などが少しずつ変化してきたものもあります。そのうえ、たとえばジャンケンのかけ声であれば「ジャンケン、ポン」だけではなく、地域によっては「インジャン、ホイ」「ジッケッタ」などが使われているといったように、同じ遊びであっても地域によって特色があり、実に多様です。

子どもの遊びについては十分な記録が残っていないため、現在「伝承遊び」と呼ばれている遊びが、いつどこで誕生し、どのように遊ばれてきたのかを一つひとつ明確にたどることは困難です。しかし、変化し、多様でありながらも現代まで受け継がれてきた伝承遊びには、どの時代の子どもにも通じる遊びとしてのおもしろさ、豊かさがあることがわかります。

2　伝承遊びの危機

少子化や核家族化、情報化、地域コミュニティの希薄化など、子どもを取り巻く環境は変化し続けています。それにともない、子どもの遊びにも

重要語句

遊び

→自ら取り組む活動で、誰かに指示されたり、強制されたりする活動は遊びとはいえない。また、何かの成果を生み出したり、人の役に立ったりするために行うのではなく、遊ぶこと自体が遊びの目的である。

➡2コマ目を参照

プラスワン

手でする以外のジャンケン

手のほかに、顔ジャンケン（グー：顔全体をゆがめ口をしっかりと閉じる、チョキ：ひょっとこのように口を突き出す、パー：目と口を大きく開く）や足ジャンケン（グー：両足を揃えて閉じる、チョキ：足を前後に開く、パー：足を左右に開く）などでも楽しめる。

154

変化が生じ、伝承遊びの存続は危機的な状況にあるといえます。

　たとえば、都市化や公園の整備などで遊ぶ「空間」が失われ、習い事などで多忙であることが原因で遊ぶ「時間」がなく、少子化なども相まって一緒に遊ぶ「仲間」が確保できないといった、いわゆる「三間の減少」が問題となっています。つまり、現代の子どもは遊ばないといわれることもありますが、子どもたちが遊びたくても遊べない環境におかれてしまっているのです。多くの伝承遊びは、労働で忙しい親から離れて子どもたちが集い、年長の子どもが年少の子どもの世話をしながら遊ぶなど、近所の子どもたちで形成される遊び集団のなかで伝承されてきました。そのため、現代のこのような状況では、子どもたちが同じ場に集うことも異年齢の遊び集団をつくることも難しく、自然発生的に子どもから子どもへと遊びが伝承されていくことは期待できません。

　また、メディア機器の発達により、家庭にはごく当たり前にスマートフォンやタブレット端末、携帯ゲーム機などがあり、子育てや子どもの遊びとも関わりをもつようになりました。その結果、伝承遊びが行われる機会はさらに減少し、子どもの健やかな発達に欠かすことのできない直接体験の不足が危惧されています。

3　保育における伝承遊び

　今日では、かつてのあり方とは異なりますが、伝承遊びに親しむ機会を保育・幼児教育や小学校教育、また地域交流の場において意図的につくり、大人から子どもへ遊び方などを伝える形式が主流となっています。

図表13-1　平日、保育所・幼稚園以外で一緒に遊ぶ相手（経年比較）

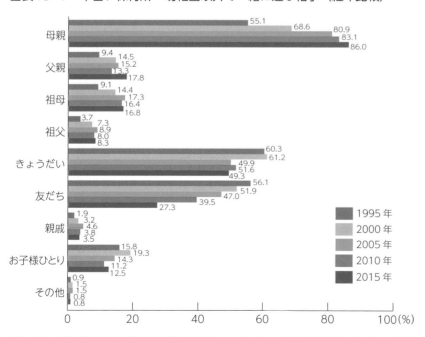

出典：ベネッセ教育総合研究所「第5回　幼児の生活アンケート」ベネッセ教育総合研究所、2016年、29頁

2015年に行われた「第5回　幼児の生活アンケート」（ベネッセ教育総合研究所、2016）によると、4歳児の47.9%、5歳児の71.4%、6歳児の82.7%がなんらかの習い事をしています。

　図表13-1をみてみると、1995年から2015年の20年間で、平日に保育所や幼稚園以外で友だちと遊ぶ子どもは半減し、反対に、母親と遊ぶ子どもが増加しています。このことからもわかるように、保育の場は、子ども同士が関わり合い、さまざまな遊び体験を積み重ねることができるかけがえのない場所なのです。

　では、伝承遊びを通して子どもたちの育ちを保障していくために、保育者は、どのようなことに配慮しなければならないのでしょうか。

　第1に、取り上げる伝承遊びについて十分に理解を深めておく必要があります。たとえば、後述する草花遊びを楽しむためには、その植物がどの季節にどこで手に入るのか、またどのような特性があるのかなどの知識が必要ですし、けん玉で子どもの興味を引き出し手本となるためには、ある程度の技術を身につけておくことが必要です。

　また、取り上げる遊びは、目の前の子どもに今、必要な体験が得られるものでなければなりません。そのためには、数ある伝承遊びのなかからそれを適切に見極められるような、伝承遊び全体に対する具体的な理解が求められます。

　第2に、保育者がかつての年長児のように、子どもたちにとってともに遊ぶモデルとしての存在となれるよう、保育者自身が存分に楽しみながら遊びを伝えていくことが大切です。それが子どもたちの遊びへの意欲を引き出し、伝承遊びの本質的なおもしろさを体験することにつながるでしょう。

　第3に、子どもが遊びを自分なりに深めながら、継続して楽しめるよう留意しましょう。ただ、保育者が、保育のなかの活動として設定するだけでは1回限りの遊びになりかねません。伝承遊びの魅力は、何度も遊ぶなかで上達したり、創意工夫することでさらにおもしろくなったり、集団で遊ぶことで仲間関係が深まったりするところにあります。そのため、自由遊びなどの時間においても、子どもたちが繰り返し遊ぶ機会が生まれるように配慮する必要があります。

　たとえば、こままわしでは子どもの様子に応じて、まわすこまの種類や場所（枠を用意し、そこで投げごまを楽しむなど）、方法（当てごまで競うなど）を新たに提示します。そうして継続的に取り組むことを通して、子どもたち自身で遊び方を探究したり、仲間関係を育んだりすることが期待できるでしょう。それだけでなく、子どもが主体となって伝承遊びに熱中するなかで年長児から年少児に遊びが広がり、ともに遊ぶといったかつての姿にもつなげていくことができるかもしれません。

2　さまざまな伝承遊び

　ここでは、たくさんの伝承遊びのなかから、子どもたちに伝承したい代表的な6つの遊びを紹介します。しかし、前述したように、地域によって

遊び方やかけ声などが異なることもあります。その際は、地域に根ざした遊び方を大切に、子どもの実態に合わせて保育に取り入れていくようにしましょう。

1　あぶくたった

　数ある鬼遊び*のうちの一つです。追いかけっこに発展するまでの鬼役と子どもたちのかけ合いのなかに生まれる緊張と緩和の繰り返しが、遊びのおもしろさにつながっています。以下に遊び方を示します。

歌・かけ合い	動作
あぶくたった　煮えたった 煮えたかどうだか　食べてみよう むしゃむしゃむしゃ　まだ煮えない ※数回繰り返す あぶくたった　煮えたった 煮えたかどうだか　食べてみよう むしゃむしゃむしゃ　もう煮えた	しゃがんだ鬼を中心にして、手をつないで輪をつくり、歌いながらぐるぐると回る。 「むしゃむしゃむしゃ」のところでは、鬼の頭をつついて食べるまねをする。
戸棚にしまって　鍵かけて　がちゃがちゃがちゃ ごはんを食べて　むしゃむしゃむしゃ お風呂に入って　じゃぶじゃぶじゃぶ お布団しいて　電気を消して　寝ましょ	鬼を立たせて皆で移動させ、戸棚の場所にしまう。 ごはんやお風呂、寝支度などの動作をする。 （寝る前に「歯磨き」や「トイレ」などを入れてもよい。）
鬼「トントントン」 皆「なんの音？」 鬼「風の音」 皆「あーよかった」 鬼「トントントン」 皆「なんの音？」 鬼「郵便屋さんの音」 皆「あーよかった」 鬼「トントントン」 皆「なんの音？」 鬼「お化けの音！」	鬼は立ち上がり、寝ている子どもたちのところへ行く。 「トントントン」と言いながらドアをノックする動作をして、子どもたちとかけ合いをする。 （鬼は「○○の音」と答えることを繰り返す。）
皆「きゃあー！！！」	子どもたちは捕まらないように逃げ回り、鬼は追いかける。鬼にタッチされた子どもが次の鬼になる。

重要語句

鬼遊び

→鬼遊びには、単純な追いかけ合いのものから、高鬼や氷鬼、かくれんぼ、子とろ子とろなどたくさんの種類がある。

保育のなかでは、子どもの年齢や遊びに参加する人数に応じて、鬼の人数を増やすなどルールを変えて楽しんでみましょう。また、子どもたち自身で相談して、遊びをアレンジする姿も大切に見守りましょう。

13
コマ目

伝承遊び

2　絵描き歌

　もともとは地面に棒や小石で描いたりコンクリートにチョークで描いたりと、紙以外のものによく描いて遊びました。歌いながら単純な線や点、文字を組み合わせていくだけで、絵が完成するところにおもしろさがあります。一人でも楽しむことができる遊びの一つです。

① コックさん

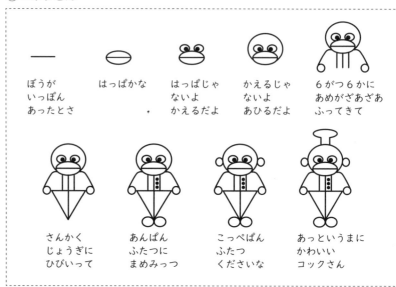

ぼうが いっぽん あったとさ	はっぱかな	はっぱじゃ ないよ かえるだよ	かえるじゃ ないよ あひるだよ	6がつ6かに あめがざあざあ ふってきて
さんかく じょうぎに ひびいって	あんぱん ふたつに まめみっつ	こっぺぱん ふたつ くださいな	あっというまに かわいい コックさん	

② まるかいてちょん（ぶた）

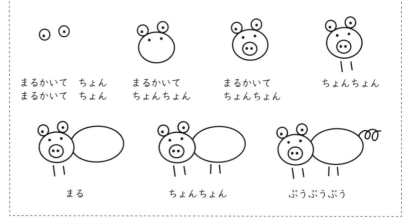

まるかいて まるかいて	ちょん ちょん	まるかいて ちょんちょん	まるかいて ちょんちょん	ちょんちょん
まる		ちょんちょん		ぶうぶうぶう

📧 プラスワン

絵描き歌についてのおすすめの文献

『絵かき遊び考』（加古里子、小峰書店、2006年）は、絵描き歌について、日本全国から収集した絵や歌を詳細に分析、整理し、解説している。

丸と点だけで、さまざまなものが描けます。オリジナルの絵描き歌をつくってみるのも楽しいですよ。

3　草花遊び

　昔の子どもは身近にある草花を使って年中遊んでいましたが、都市化などにより、子どもたちが自由に扱って楽しむことのできるような自然環境がない地域も多くなりました。しかし、「保育所保育指針」や「幼稚園教育要領」等でその重要性が強調されているように、自然との関わりは、乳幼児期の豊かな心身の発達に欠かすことができません。保育のなかで、実際に自然にふれ遊ぶことで心を動かす体験が積み重ねられるよう配慮する

ことが求められます。ここでは、比較的手に入りやすい草花を使った遊びを紹介します。季節に応じて、さまざまな植物で草花遊びを楽しんでみましょう。

① ひっぱりずもう

丈夫そうな草花を見つけることが勝敗の鍵を握ります。「せーの！」や「1・2・3！」で引っ張り合っていざ勝負が始まります。

【草ずもう（オオバコ）】　【花ずもう（スミレ）】　【松葉ずもう（マツ）】

茎同士を絡ませて引っ張り合う。先に茎がちぎれたほうが負け。

スミレの曲がった花首を引っ掛けて引っ張り合う。先に花が落ちたほうが負け。

2つの松葉を組んで引っ張り合う。先に松葉が裂けたほうが負け。

② 笹舟

川のように水の流れがあるところで流したり、池やタライに水を溜めて浮かべたりして楽しみます。友だちと競争するのもよいでしょう。基本の形に別の葉っぱなどを組み合わせ、一風変わった舟をつくるのも楽しいです。

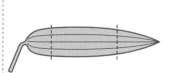

①葉の両端を真ん中に向かって折る。

②折ったところを左右2か所ずつ裂いて3つに分ける。

③3つに裂いた両端同士を組み、舟の形にする。

長い葉っぱを丸めてはさんで「やかたぶね」

別の葉っぱをさして「かいぞくせん」

③ シロツメクサの花かんむり

短くして手首に飾ったり、長くして首飾りにしたりと楽しめます。

交互に絡めてつなげていく。

13
コマ目

伝承遊び

💬 **プラスワン**

子どもにとっての自然との関わり

「保育所保育指針」では、「幼児期において自然のもつ意味は大きく、自然の大きさ、美しさ、不思議さなどに直接触れる体験を通して、子どもの心が安らぎ、豊かな感情、好奇心、思考力、表現力の基礎が培われることを踏まえ、子どもが自然との関わりを深めることができるよう工夫すること」(「保育所保育指針」第2章3（2）「ねらい及び内容」ウ（ウ）②）などがあげられている。

💬 **プラスワン**

葉っぱでつくる舟

笹以外に、葦（ヨシ、アシ）の葉でもつくることができる。

葦

子どもたちが遊びを通して、草花の名前や特性（いつ、どんな場所に生えているのか、触り心地、匂いなど）に気づけるよう配慮しましょう。

早口言葉は、保育者が一緒にはっきり、ゆっくりと言ってみるところから始めてみましょう。

④ **ナズナの鈴**

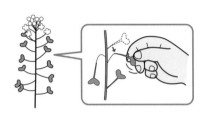

ハート型の実の部分を優しく下に引っ張り、茎がちぎれないようにはがす。

茎をもってでんでん太鼓のように回転させると、小さな「パチパチ」という音がする。

4　言葉遊び

① **早口言葉**

　続けて言いにくい言葉を間違えずに早く言えるかどうか、友だちと言い比べをするなどして楽しみます。間違えずに言えたときと言い間違えたとき、どちらも楽しさやおもしろさを感じることのできる遊びです。

- あぶりカルビ
- 生むぎ　生ごめ　生たまご
- 赤まきがみ　青まきがみ　黄まきがみ
- 赤パジャマ　青パジャマ　黄パジャマ
- カエルピョコピョコ　ミピョコピョコ　あわせてピョコピョコ　ムピョコピョコ
- スモモも　モモも　モモのうち
- となりの客は　よく柿食う客だ
- 庭には　2羽　にわとりがいる

② **上から読んでも下から読んでも同じ言葉**

　自分の名前や身近なものの名前を逆さから言って遊んだことのある人は多いのではないでしょうか。よく知る言葉なのに、逆さから言ってみると不思議と違った意味がある特別な言葉のように聞こえてきます。ここで取り上げる「上から読んでも下から読んでも同じ言葉」は、意味も音も同じですが特別です。新しい言葉を知ったときには、あなたも友だちや家族に教えてあげたくなったはずです。

- やおや　・トマト　・しんぶんし　・いろしろい
- よるねるよ　・このこねこのこ　・たけやぶやけた　・縄の罠
- 安いいすや　・たしかに貸した　・ダンスがすんだ
- よくきくよ　・イカたべたかい　・うまが舞う
- 寝つきいいキツネ　・にわのわに　・わたし負けましたわ

5　あやとり

　細いひも状のものを結んで輪をつくり、指や手首にかけたり外したり、くぐらせたりしながら、さまざまな形を生み出して遊びます。ひもが 1 本あればどこでも遊ぶことができ、一人でも友だちと一緒でも楽しむことができる遊びです。

① 一人あやとり

【2 段ばしご】

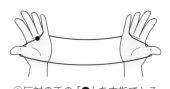

①反対の手の「●」を中指でとる。

②親指のひもをはずす。

③「●」のひもを親指でとる。

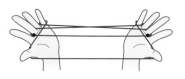

④「●」のひもを親指でとる。

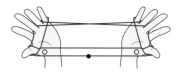

⑤親指をたおして「○」に入れ、「●」のひもをはずす。

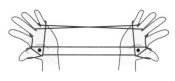

⑥「●」の三角の隙間に中指をさしこむ。

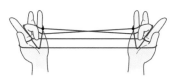

⑦反対の手を使って小指のひもをはずし、手を向こう側へ開く。

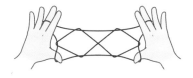

⑧出来上がり。

💬 プラスワン

世界各地でみられるあやとり

日本特有の伝承遊びではなく、世界のさまざまな民族、地域でみられる。文字をもたない人々にとっては、さまざまな事柄を伝える手段でもあり、その模様は文化や生活と深い関わりがある。

13 コマ目　伝承遊び

あやとりのひもは、太さが 3 mm ほどのものがおすすめです。長さは、手に 7 ～ 8 回巻きつけたくらいが目安です（4、5 歳児：100 ～ 130cm、大人：130 ～ 180cm）。

【パンパンぼうき】

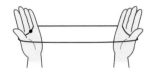

① 「●」のひもを右手の中指でとり、1回ひねる。

② 「●」のひもを左手の中指でとる。

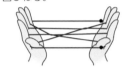

③ 「パン！」と手のひらを打ち合わせ、右手の親指と小指のひも「●」をはずす。

④出来上がり。

② 二人あやとり
【もちつき】

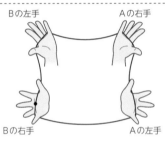

Bの左手　　　Aの右手
Bの右手　　　Aの左手

①Aの右手の中指で、Bの右手の「●」のひもをとる。

②Bの右手の中指で、Aの右手の「●」のひもをとる。

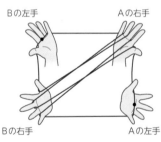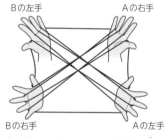

Bの左手　　　Aの右手
Bの右手　　　Aの左手

③Aの左手とBの左手も同じように「●」のひもをとり合う。

④親指と小指のひもを全部はずして手を広げる。

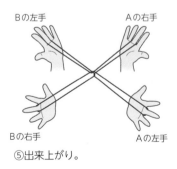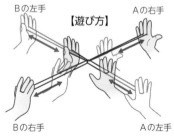

Bの左手　　　Aの右手
Bの右手　　　Aの左手

⑤出来上がり。

【遊び方】

お互いの右手同士、左手同士を「ぺったん！　ぺったん！」とくっつけて遊ぶ。

6　影絵

　手などを使ってさまざまなものを形づくり、影を映し出して楽しむ遊び です。光と映す場所があれば、室内でも屋外でも楽しむことができます。住 環境に障子があることが一般的であった頃は、家庭でも、夜などによく遊 ばれました。黒い影を形づくるだけでなく動きをつけることによって、さ も生きているかのように見せることもできますし、その表情や性質など見 る側の想像力をかき立てることもできます。

キツネ
耳や口を動かしたり、顔を傾け たりする。

イヌ
小指を動かしながら「ワン！ ワン！」と吠える。

カニ
脚を動かしながら左右に動く。

オオワシ
優雅に大きく翼を動かす。

カタツムリ
ゆっくり角を動かして進む。

やかん
持ち手の部分を丸くする。

保育室で影絵を楽し むには、カーテンや暗 幕などで室内を暗くし、 スタンドライトや懐中 電灯を使って壁やス クリーンに映すとよい でしょう。即興で演じ ても楽しめますし、子 どもたちとストーリー を考えて影絵劇の活 動に発展させることも できます。

13 コマ目

伝承遊び

プラスワン

影の大きさ
光源の近くに手を置く ほど、映る影は大きく なり、離れるほど小さ くなる。その不思議さ に気づき、楽しむこと が、影絵遊びを深め ていくことにつながる。

おさらいテスト

❶ 伝承遊びとは、長い年月を超えて人から人へと［　　　　　］され、楽し まれてきた遊びである。

❷ 伝承遊びの存続は、子どもを取り巻く［　　　　　］の変化により ［　　　　　］な状況にあり、保育の場が担う役割は大きい。

❸ 保育者には、伝承遊びについて理解を深め、子どもが［　　　　　］して 遊びを楽しめるよう支えていくことが求められる。

幼い頃にした伝承遊びについて考えてみよう

①あなたが幼い頃によくした（好きだった）遊びをたくさん書き出し、そのなかで伝承遊びにあてはまると考えられるものに○をつけましょう。

①で○をつけた遊びから、子どもたちに伝承したい遊びを１つ選びましょう。そして、その遊びについて「遊びの起源」「遊び方」「遊びとしての魅力」「保育における指導・援助の留意点」を調べたり考えたりして、具体的にまとめましょう。

演習課題

伝承遊びについて話し合ってみよう

　グループに分かれ、164頁の演習課題②でまとめた伝承遊びについて共有しましょう。その際、それぞれが知る遊び方や考える魅力、指導・援助の留意点等について意見を出し合い、さまざまな伝承遊びについて理解を深めましょう。

第4章

子どもの文化の実践

この章では、ここまで学んできたさまざまな児童文化財や遊びのなかから、
劇遊びのペープサート、パネルシアターを取り上げて、実際の演目を
紹介しています。いずれのコマでも脚本と下絵を掲載していますので、
解説のコマ（ペープサートは7コマ目、パネルシアターは8コマ目）を
参照しながら、実際につくって、演じてみましょう。

実際に演じてみよう！「パネルシアター」

📝 プラスワン

この手遊び歌を取り入れた6つの理由

①手遊び歌は、パネルシアター初心者でも子どもたちと楽しく一体感をもって演じやすい。

②メロディが多くの人になじみのある「権兵衛さんの赤ちゃん」であるため、覚えやすい。

③この手遊び歌の歌詞は作者不詳であり、曲は外国民謡のため、著作権に触れない。

④手遊びと歌詞がかわいくて小さい子でもすぐに一緒に遊べる。

⑤オリジナルの追加をしやすい内容である。

⑥子どもたちは食べ物に関係するものが身近で好きである。

1 パネルシアターの楽しみ

子どもたちの前でパネルシアターを演じてみましょう。子どもたちの笑顔とキラキラした目に出会うことができます。また、パネルシアターをきっかけに子どもたちとの距離が近くなったり、保育者自身がもつ自分らしさを自然に表現できたりといろいろな発見があります。パネルシアターをつくったり演じたりして、「パネルシアターって楽しい！」という気持ちを体験しましょう。

今回は、手遊び歌「おはぎのよめいり」をつくります。2・3番は、筆者がオリジナルで追加したオムライスさんとギョーザくんが出てきます。皆さんも子どもたちと膨らませたイメージをもとに、自分で描いたオリジナルの絵人形にも挑戦してみるとよいでしょう。また、このパネルシアターは、食育やお彼岸の行事食の紹介にも活用できます。子どもたちは食べることが大好きで、また、食の細い子どもも食に興味を示し、食べ物で表現されるお嫁さんやお婿さんをとても楽しんでくれます。

さあ、パネルシアターの世界で遊びましょう。保育者が楽しむと子どもたちの楽しさや喜びが倍増します。つくり方と演じ方の基本は、8コマ目の86-96頁を参考にしましょう。

2 作品紹介「おはぎのよめいり」

よく知られている「ごんべえさんのあかちゃん」の替え歌で遊ぶ、とてもかわいらしい簡単な手遊びのパネルシアターで、乳児から幼児まで一緒に遊ぶことができます。歌の最後の「場所」については、子どもたちとや

りとりをしながら好きな場所を一緒に考えて遊びましょう。演じるたびに子どもたちのイメージする場所を入れる楽しみが広がります。1～3 番の手遊びのメロディ、リズムはすべて同じです。

※次のリンクから、このパネルシアターの動画を視聴できます。参考にしてください。

動画リンク先　：　

14
コマ目

実際に演じてみよう！「パネルシアター」

3　**「おはぎのよめいり」の脚本**

「おはぎのよめいり」　作：藤田佳子

【セリフ】		【演じ方】

1.

♪ランララ　ラララララ
ラララララン〜♪
これは何か　わかる？
〈ごはん！〉　あたり！
でもおにぎりじゃないの。

おはぎの嫁入りのメロディ

ご飯を 2 つ出す

2.

おはぎの中に入れるご飯です。
おはぎはね、このごはんに、
あんこときなこを周りにつけて
お化粧して、
おはぎの出来上がり！

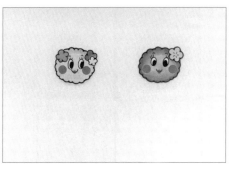

ご飯をあんこと
きな粉に入れる

3.

この丸いお盆にのって
お嫁さんに行きます。

お盆を出す

4.

手遊びがあるからやってみるね。
できるところは一緒にやってみてね
♪おはぎがお嫁に行くときは
　あんこときな粉でお化粧して
　丸いお盆にのせられて
　着いたところは応接間 ♪
　まあ！　着飾って素敵!!

歌に合わせて
手遊びをする

お盆の上に
おはぎをのせる

5.

♪ ランララ　ラララ〜
　（メロディーに合わせて
　　ロずさむ）
　・・・ランラララン!! ♪

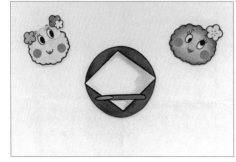

あんことときな粉
順に目を動かして
表情を楽しむ
※パネル板から外して
　手にもって動かすと
　動かしやすい。

6.

チャ ─── ン！

可愛いおはぎさんだったね。

おはぎをお盆にのせる

7.

これは、なんだかわかる？
そう！　ケチャップごはんだよ！
これは、たまごとケチャップ。
今日は、たまごとケチャップを
使って、おいしいご飯を作るよ
何ができるかな？
　〈オムライス!!〉
そうだね！　あたり!!

ケチャップご飯を出す
たまごを出す
ケチャップを出す

8.

オムライスを作るよ。
ケチャップご飯を
たまごで包んで出来上がり！

オムライスを出す
ケチャップライスを入れる

9.

オムライスがお嫁に行くときは、
丸いお皿にのっていくよ！

お皿を出す
オムライスを皿にのせる

10.

さあ、一緒に
手遊びをやりましょう！
♪ オムライスがお嫁に行くときは
たまごとケチャップで
お化粧して～
丸いお皿にのせられて～
着いたところは・・・♪

手遊びをする

歌を止めて、問いかける

11.

どこがいいかな？
〈遊園地！〉
いいねえ！　遊園地にしよう！
♪ 着いたところは遊園地！ ♪
　　イエイ ⎯ !!

□をくるくる回す！
たまご・ケチャップ外す

12.

これは何かな？　何だろうね。
ひき肉の中にキャベツやニラが
入っています。
では、これは？
これは、餃子の皮です。
これは？　〈醤油！〉
そう、醤油です。

餃子の餡を出す

餃子の皮を出す

醤油を出す

13.

これで何ができるかな？
〈餃子!!〉
そう！　あたり！
細長いお皿に餃子がいっぱい！

お皿を出す

14.

餃子はね、お婿さんなんだって！
餃子の皮で包んで
餃子の出来上がり！
♪ 餃子がお婿に行くときは
餃子の皮と醤油でおしゃれして
細長いお皿にのせられて
着いたところは・・・・
（歌を止めて）

ギョーザくんを出し
餡を入れる

手遊びをする

ギョーザくんを皿にのせる

15.

どこにする？
〈ラーメン屋さん！〉
いいねえ、
ラーメン屋さんにしよう。
♪ 着いたところは
　　ラーメン屋さん！♪

手遊びをする
皮と醤油を外す

16.

♪ ランララ　ラララ〜 ♪
あれあれ？！　これは何？
羽根が生えてきた！　飛んでる〜。
餃子といえば・・羽根つき餃子！
♪ ランララ　ラララ〜　・・
　　ランラララン!!♪

ギョーザくんから
羽根を出す

メロディーに合わせて
ほかの餃子も羽根を出して
飛ばす

おはぎさん、オムライスさん、ギョーザくん、ご結婚おめでとうございます。
どうぞ末永くお幸せに〜!!

4　楽譜・歌詞・手遊び

おはぎの よめいり
～ごんべえさんの あかちゃん～
作詞者不詳　アメリカ民謡

おはぎ が お よめ に ゆく とき は　　あんこ と きな こ で お けしょう して
オムライス が お よめ に ゆく とき は　　たまご と ケチャップ で お けしょう して
ぎょうざ が お むこ に ゆく とき は　　ぎょうざの かわ と しょうゆ で お しゃれ して

まる い お ぼん に のせ られ て　　つ い ー たと ころ は おう せつ ま
まる い お さら に のせ られ て　　つ い ー たと ころ は （　　　）
ほそなが い お さら に のせ られ て　　つ い ー たと ころ は （　　　）

歌詞

2・3番：藤田佳子作詞

1番　おはぎがお嫁に行くときはあんこときな粉でお化粧して
　　　丸いお盆にのせられて　着いたところは応接間

2番　オムライスがお嫁に行くときは　たまごとケチャップでお化粧して
　　　丸いお皿にのせられて　着いたところは　〈遊園地〉

3番　餃子がお婿に行くときは　餃子の皮と醤油でおしゃれして
　　　細長いお皿にのせられて　着いたところは　〈ラーメン屋さん〉

※2番・3番の〈場所〉は、子どもたちの声を聞きながら自由に楽しんで、決めてください。

14 コマ目　実際に演じてみよう！「パネルシアター」

手遊び

❶ おはぎがお嫁に行くときは

両手でおにぎりを
握るようなしぐさ

❷ あんこときな粉でお化粧して

右→左→両方の頬をお化粧
するようにポンポンする

❸ まあるいお盆にのせられて

両手で丸い大きいお盆をつくり、
次に両手を差し出す

❹ 着いたところは応接間

おじぎをする

5 下絵、しかけのつくり方

　標準サイズのパネル板（80×110cm）を使用するときは、下絵を141％に拡大してください。141％に拡大するとB4サイズの下絵になるので、市販のPペーパーと同じサイズになり、写しやすく、製作が楽にできます。絵人形が小さいと動きや表情がよく見えなかったり、演じ手も操作がしにくかったりしますので、ある程度（手のひら大）の大きさのある絵人形がおすすめです（下絵は190-197頁に掲載）。

1.あんおはぎ

❶目をカッターで切り抜く

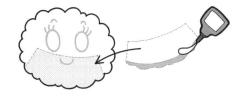

❷あんおはぎの支えを貼る

❸あんおはぎのお花をあんおはぎ
　の目に図のように貼る
　※右利きは右、左利きは左に貼
　　る（左利きの場合は、下絵を
　　反転させて写す）

❹図のようにセットする

　※花であんおはぎ
　　をはさんで落ち
　　ないようにする

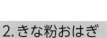

❺完成！

❻〈動かし方〉花をもっ
　て上下左右にくるく
　ると目を大胆に動か
　しましょう！

2.きな粉おはぎ

❶きな粉おはぎのほっぺの点線
　に沿って切り込みを入れる

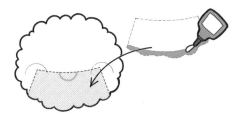

❷きな粉おはぎの支えを貼る

❸ほっぺの切り込みにきな粉
　おはぎの目をセットする

❹〈動かし方〉花をもって上下左右に目を
　大胆に動かしましょう！

3. おぼん

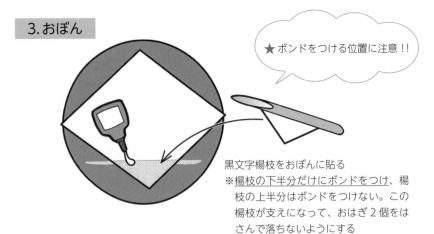

★ボンドをつける位置に注意！！

黒文字楊枝をおぼんに貼る
※楊枝の下半分だけにボンドをつけ、楊枝の上半分はボンドをつけない。この楊枝が支えになって、おはぎ2個をはさんで落ちないようにする

4. オムライス

❶オムライスの口を糸どめする

〈拡大図〉

手縫い用木綿糸の2本どりで大きな玉どめをつくる。図のように縫い返さずにとめると、「くるくる」と高速で回る

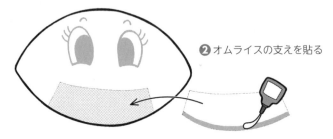

❷オムライスの支えを貼る

5. オムライスのお皿

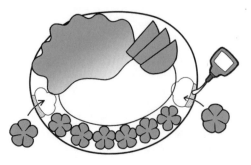

❶にんじんの花（1・2）をお皿に貼る
※花びら2枚分にボンドをつけ、上方はボンドをつけない。この花が支えになって、オムライスを挟んで落ちないようにする

❷図のように花でオムライスをはさむ

6. ギョーザくん

❶ 羽根を左右それぞれ糸どめする

❷ ギョーザくんの支えを貼る

❸ 羽根を支えのなかに入れてセットする

7. 餃子（A 〜 D）

❶ 餃子の羽根を糸どめする

❷〈セットの仕方〉

（2-1）羽根の根元を折ってたたむ

（2-2）餃子を図のように皿の切り
　　　込みに差し込む

8. 餃子の皿

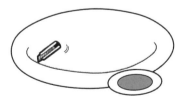

❶ 餃子の皿にカッターで切り
　込みを入れる

❷ 餃子の皿の支えの上と下にボンドをつけ
　て貼る。左右にはボンドをつけない

「演じ方」と「子どもとのやりとり」の ポイント

1　絵人形を出してから、手遊びをやろう！

　手遊び歌については、歌いながら絵人形を出すのではなく、まずおはなしをしながら絵人形を出しましょう。その後で、子どもと一緒に手遊びを楽しみながら行います。そうすると、子どもたちは、パネルシアターを観ておはなしを理解でき、手遊びも子どもと保育者がゆとりをもって一緒に行うことができます。子どもは保育者の豊かな表情や動作を見ながら、安心して手遊びを楽しむことができます。

2　しかけを楽しもう！

　1番から3番までそれぞれ歌詞を歌い終わってから、仕掛けを楽しむ構成になっています。仕掛けを動かすときには、1番から3番までと同じメロディで、「♪ランラララ～♪」と鼻歌のように歌いながら、大げさなくらいに仕掛けを操作すると子どもたちは大いに盛り上がります。

1番「おはぎ」

・おはぎは、髪飾りの花を持って上下左右にくるくると大きく動かすと思いもかけない面白い表情になります‼　きなこおはぎも、現実にはあり得ない、目が顔から空中に飛んでいくような状態になっても子どもたちはそれを楽しみます。常識にとらわれずに遊んでください。

・おはぎの目を動かすときは、舞台から絵人形を外して手にもって動かすと操作しやすいです。

2番「オムライス」

・2番を歌い終わると同時に、「ジャ ～ ン‼」と言いながらオムライスの口を勢いよく回しましょう。子どもたちはびっくりしながら、ゲラゲラ笑ってくれます。

・変な表情で口が止まったら、さりげなく笑顔の口に戻してから3番に移りましょう。視覚的に楽しい画面にしておくと安心して楽しめます。

3番「餃子」

・歌い終わったら、おはぎと同様に、「♪ランラララ～♪」と鼻歌のように歌いながらギョーザくんの羽根を出します。子どもたちは「羽根つき餃子」を知らなくても、かわいい餃子の様子を楽しんでいます。リズムに乗りながら舞台のあちこちに飛ばすと舞台全体がにぎやかに明るい画面になります。

・餃子がたくさんあるので、「♪ランラララ～♪」の鼻歌が終わってしまったらアドリブで、「餃子さんたちも楽しそうだね」などと話を途切れさせないようにしながら貼ってください。

3　子どもの声・言葉を引き出そう！

　歌詞の最後の部分で、「どこにお嫁さん（お婿さん）に行きたい？」と子

どもに聞きます。子どもたちは日頃の生活や遊びのなかからイメージをふくらませてたくさんの「場所」をこたえてくれます。毎回いろいろな場所に変わるので、同じ作品でもイメージを変えながら楽しむことができます。そのうちに、「ミックスジュースのお嫁さん」「ハンバーガーのお婿さん」「唐揚げのお婿さん」など、場所だけでなくいろいろな食べ物で楽しい手遊びが生まれます。子どもの発想力に感動する瞬間です。パネルシアターから、オリジナルの手遊びや他の遊びに発展していきます。子どもの発想の豊かさを大いに楽しみましょう。このようにして、子どもたちは遊びながら言葉が発達していくのです。

190-197頁の下絵の説明

▬▬▬▬	ふちどり線
− − − −	切り取り線または切り込み線
…………	頬のライン（マーカーの縁どりなし）
⊙	糸どめ位置

※下絵は141％に拡大すると標準サイズの舞台 (80×110cm)
　に合う大きさになります。

15 コマ目

実際に演じてみよう！「ペープサート」

1 ペープサート「日天さん月天さん」とは

　このコマでは、7コマ目でも取り上げた、ペープサートの不朽の名作「日天さん月天さん」を紹介し、脚本と絵人形の型紙を掲載しておきます。

　「日天さん月天さん」は、呪文があったり、姿を消したり、変身したり、勧善懲悪があったりと、子どもの心を揺さぶる作品です。7コマ目の作り方や演じ方のコツを復習しながらぜひ挑戦してみてください。

　「日天さん月天さん」の原点は、紙芝居の高橋五山の「鬼の吊り橋」を脚色したもので、ペープサートの裏表の妙を絶妙に使った作品ゆえに、不朽の名作と呼ばれています。

　登場人物が5人なので一人で演じるには大変ですので、一人づかいのための舞台のしかけを紹介しておきます。

　適当な長さの木片に適当な間隔で穴を開け、ペープサートの軸の先を少し尖らせます。動かない（話さない）人物はその穴に差し込んでおくと、3人以上の登場人物にも対応することができます。

　白眉学芸社の格段のご厚意により掲載させていただくことに謝意を表します（今回、出典を明記し、一切改変をしないということで、転載の許可をいただいています）。

2 「日天さん月天さん」の内容

　以下は「日天さん月天さん」の脚本です（下絵の見本は198-199頁に掲載されています）。

＊脚本は縦書きのためそのまま掲載しますが、ページ下部中央にある「脚1」の頁数に沿って読んでください。

日天さん月天さん

永柴　孝堂

基本人形（番号登場順）

1　ウサギ
2　タヌキ
3　サル
4　魔法使いのおばさん
5　オニ（大型）

活動人形（全部右向き）

1　タヌキ {A　基2に同じ
　　　　　B　さかさまになったもの

2　サル {A　基3に同じ
　　　　B　上半身消えたもの

景　画

1　大立木
2　小立木
3　道標

第一景　ふもとの森

上手に大小の立木（景1、2）がある。

――これで森の表現ができる――

下手からウサギ（基1）たのしそうに、やってくる。

ウサギ　きょうもいいお天気でうれしいなア（下手へ気づくように）あ、向うからタヌキ君がくる。呼びましょう。
タヌキくーん、早くおいでよう……

下手からタヌキ（基2）やってくる。

タヌキ　やア、ウサギさん今日は。
ウサギ　今日は。タヌキ君これからお山へあそびにいかないか。
タヌキ　行こう行こう、どこの山へいくの。
ウサギ　ニコニコ山へいかないか（山の名は何でもよい）。あそこへ登ると富士山が見えるよ（これも適当なものを云えばよい）。

―― 脚 1 ――

181

タヌキ　そのオニを退治して下さいな。

三人　おねがいします。

おば　困ったね。そうだ、元気な声で、日天さん、月天さん、といってごらん。

ウサギ　え、ニッテンサン、ガッテンサンてなんですか。

おば　まあいいから、やってごらん。

ウサギ　はいそれではやります。日天さん月天さん。

おば　もっと元気な声で──。

ウサギ　はーい（いいなおす）日天さん、月天さん。

パッと、ウサギの姿が消えてしまう。

二人　あッ、ウサギさんいなくなっちゃった！

おば　今度は、タヌキさん。

タヌキ　あのう、日天さーん、ガッガッ。

おば　忘れてはいけないね。月天さんだよ。

タヌキ　月天さーん。

おば　日天さんだよ。

タヌキ　日天さん、月天さん。

タヌキも消えてしまう。

おば　おサルさん、やってごらん。

サル　日天さん、月天さん。

サルも消えてしまう。

三人（声のみ）ボク達、いなくなったア。

おば　オニが出て来たら、そうして消えてしまえば、よいでしょう。

三人（声のみ）どうもありがとうございます。あ、だけど、どうしたらでられますか。

おば　それも元気な声で──

おとぎ峠に星が出た。といってごらん。

三人は順に『おとぎ峠に星が出た』といって、それぞれ現れる。

おば　それでは気をつけて、いっておいで。

三人　ありがとうございました。

お互いに、さよならを云いながら、おばさんは静かに、森へ入っていく。

タヌキ　それじゃア、早くいこう。

　二人は勇んで、下手へあるきだす。向うから誰か来るのを
　見つけたようす

タヌキ　あれ、サル君がやってくるぞ。

ウサギ　あ、本当だ。

タヌキ　三人でいこうか。

ウサギ　それがいい。

二　人　おーい、サルくーん、早くおいでよう。

サル　（基3）下手から急ぎ登場。二対一で向合う。

サル　こんにちはア　君たちこれからどこかへ行くの？

タヌキ　山へ行くの。

サル　いきたいなア、どこの山？

ウサギ　ニコニコ山へいくんだ。

サル　えッ、ニコニコ山だって？　あそこへ行ってはだめ
　　　だよ。

二　人　どうして――。

サル　きのう、カラスさんが教えてくれたけれど、あの山
　　　路に、オニがでるんだってさ！

タヌキ　えッ、オニだってッ、困っちゃったなア。

ウサギ　あ、いいことを思い出した。この森に、魔法使いの
　　　おばさんがいるだろ。あのおばさんは、親切で、子ど
　　　もが好きで、そして何んでも知ってるよ。

タヌキ　そうだそうだ、それがいいや。

サル　それじゃみんなで呼んでみよう。
　　　みんなで、あのおばさんにお願いしてみようか――

三　人　は、森へ向って、大きな声で、おばさんを呼ぶ。
　　　それにこたえるように、静かに、森の中から、魔法使いの
　　　おばさん（基4）でてくる。

おばさんは上手に、三人は下手に、一対三で向合う。

三　人　おばさん、こんにちはア。

お　ば　はいはい今日は――いつもお前達は仲よしで結構だ
　　　ね。

ウサギ　おばさん、きょうボク達はニコニコ山へいきたいの
　　　です。

お　ば　なんだって、ニコニコ山だって、だめだよ、あそこ
　　　にはオニがでるよ。

サル　ボクがいったとおりだろ。

――脚 2――

183

ウサギ　わアおどろいた。早くいこうッと。

ウサギ、上手へ馳けて入る。
オニ、はっと我に返る。

オニ　こ、これは変だぞ。ウサギが何かいうと、姿が消え
てしまったぞ。なんだか気味が悪いなア。
（下手に気がついて——）
おや、タヌキが来るぞ。
よしよし、こんどこそ逃がさないぞ。

オニは、木のうしろにかくれる。
タヌキ（活1A）下手から来る。

タヌキ　ここが山だ。オニがでてくるとこわいぞ。ウサギさ
んどうしたかな。うまく通って行ったか
なーんだ、ウサギさんはもう行ってしまったらしい
ぞ。それではオニは出なかったんだ。ああよかった。
出てこなければ、オニなんかちっともこわくないや。
やーいオニ、出て来て見ろッ！

タヌキはさかんに強がりをいっている。

そこへ、ぬーッと、オニ出てくる。

オニ　なんだ、タヌ公——。
タヌキ　ひやア、オニだア、おたすけ——。
オニ　ウサギは逃したが、お前はたべてしまうぞォ。
タヌキ　あ、そうだ。おばさんに教わったのなんといったか
な。
オニ　なにが、おばさんだッ。
タヌキ　わかったッ。月天さん。日天さん。月天さん。日天
さん。月天さん。日天さん。

タヌキはさかさまになってしまう。
（人形をB面に裏返す）

意外な出来事に、オニは唖然として、立すくむ。そのそば
を通って、タヌキは上手に入っていく。

オニ　これはいったい、なんということだ。
（下手に気がつく）
オニ　おや、こんどはサルが来る。ようし、こんどこそパ
クリだぞ。

ウサギ　よかったねェ。さア元気でいこう。

ウサギはピョンピョンとはねるように、勢よく下手へ入る

タヌキ、サル、それを追うように、下手へ馳けて入る。

　　　第二景　山路

下手に、道標（景3）が立っている。

上手七三の辺りに、大立木（景1）がある。

オ　ニ　ここは俺さまの山だァ。ここへくるものは、ひどい

　　めにあわせてやるぞ。（下手を見て）おや、ウサギが

　　登ってくるな。よし、うまそうだから食べてやろうか

　　な。

上手から、オニ（基5）ノシノシとでてくる。

舞台上を示威的に、いったりきたりして、中央で止る。

そういいながら、オニは立木のうしろ（上手寄）にかくれ

る。

そんなこととは知らぬように、ウサギ（基1）下手から、

やってくる。

ウサギ　やっと、お山へきたぞ、オニがでてこなければいい

　　がな。大丈夫だ。オニはいないや。そうだ今のうち

　　に、ここを通ってしまいましょうっと……。

立木のうしろから、「こらーッ」と大声をあげて、オニが出

てくる。

ウサギ、びっくりして後へ退る。

（舞台中央で、両者向合う）

オ　ニ　こらウサギ、たべてしまうぞ。

ウサギ　うわア、おたすけ──。

オ　ニ　たべるぞう。

ウサギ　あ、そうだ、おばさんに教わったのなんて云ったか

　　なア、ええと、ええと。

オ　ニ　なにが、おばさんだーッ。

ウサギ　思い出したッ。日天さん、月天さんッ。

　　パッと、ウサギが消えてしまう。

オニは、びっくりして立すくむ。（下手向き）

『おとぎ峠に星がでたァ』と声だけきこえる。

オニのうしろ（上手寄）に、ウサギ姿を現わす。

─ 脚 4 ─

オ　ニ　よし、やってみよう。日天さん月天さん。

パッとオニは消えてしまう。（人形を素早く引込める）

オ　ニ　（声のみ）おもしろい、おもしろい、消えたぞ、消えたぞ。

おば　フフ、おもしろいじゃろう。

オ　ニ　（声のみ）それから、出るのは、どうするんだ。

おば　バカモノめッ。

オ　ニ　（声のみ）なんだとッ。

おば　お前のような悪いやつは、消えてしまうがよい。はい、さようなら。

オ　ニ　（声のみ）わあ、おばさん、助けてくれェ。もう悪い事はしないよう。出してくれェ。

おば　きっと悪い事しないかッ。

オ　ニ　（声のみ）悪い事しないよう。いいオニになるよう。

おば　よしよし。それでは、おとぎ峠に星が出た。といってごらん。

オ　ニ　（声のみ）おとぎ峠に星が出たァ。

パッと下手に、オニは現われる。

なに何か教えたのは。

おば　みんながどうかしたのかい。

オ　ニ　ウサギが来たから、たべようと思ったら──。

おば　ウサギは、どうした。

オ　ニ　何か大きな声でいったかと思うと、パッと消えてしまったのだ。

おば　おやおや、そうかいそうかい。

オ　ニ　二番目にタヌキが来た。タヌキのやつ何か云うと、さかさまになっていってしまった。

おば　なんだって、さかさまだって。

オ　ニ　その次にサルが来た。サルは半分消えていってしまった。

おば　やれやれ、よかったよかった。

オ　ニ　よかったとはなんだ。やっぱりおばさんが、みんなに何か教えたな。

おば　ああ、教えたとも。

オ　ニ　なんと教えた。

おば　日天さん、月天さんだよ。

オ　ニ　なんだって──日天さん月天さんとは、何の事だ。

おば　あれを云うと、消えるんだよ。

オ　ニ　消える？　フーム、おもしろそうだなァ。

おば　おもしろいとも、お前も一つやってごらん。

── 脚7 ──

186

オニは木の影（上手寄）にかくれる。

サル　（活2A）下手より、おそるおそるくる。

サル　ぼくが一番ビリになっちゃった。けれどウサギさんやタヌキ君、どうしたかな。オニはいないらしいぞ。ああよかった。この間に行こうっと。

サル、元気にいこうとする。

オニ　木のうしろから出てくる。

オニ　こらッ、サルめ。

サル　ひやァ、オニだア。あのおばさんのなんだっけなア。

オニ　なにが、おばさんだッ

サル　アッそうだッ。日天さん。日天さん。日天さん。日天さん。日天さん。日天さん。日天さん。日

オニ　なにがなんだかわからなくなったぞ。いったいこれは何という事だ。

オニ　は、ふと下手にきづいて

オニ　や、こんどは、ふもとの森の魔法使いのおばさんが来るぞ。

あッわかったッ。

みんなして、おばさんおばさんといっていたが、あのおばさんがみんなに何か教えたな。よし、そうだったらひどい目にあわせてやるぞ。

オニはまた、木のうしろにかくれる。

森のおばさん（基4）下手からくる。

おば　やれやれ、年をとると、山路も楽ではないわい。みんなに日天さんを教えてやったものの、やはり心配で来ましたよ。さて、どうしたやら──。

サルは上半身消えて、腰から足だけになる。

（人形を面に裏返す。タヌキに同じ）・

オニはびっくり。まごまごしているうちに、サルはさっさと上手に入って行く。

オニ、我に返って

オニ、いきなり飛び出すようにでてくる。

おば　おやビックリした。お前はオニか。

オニ　お前はオニかもないもんだ。おばさんだろう、みん

── 脚 6 ──

187

二人　おとぎ峠に星が出たァ（元気よく）。

タヌキとサルは、もとの姿になる（人形を裏返す）。

二人　どうもありがとうございます。

おば　よかった、よかった。それではみんなして、お山へ
　　　あそびにいきましょう。

ウサギ、おばさん、タヌキ、サルの順に仲よく（歌をうた
いながら）上手に入っていく。

　　　　　　　　　　終

出典：永柴孝堂『ペープサート人形画帖・３集』白眉学芸社、１９７３年

オニ　どうもありがとうございます。もう悪い事はいたしません。ごめんなさい。

オニは逃げるように、下手に入る。

おばさんは、気づいたように、上手を見る。

おば　あらあら、みんな、変なかっこうをして山の方へいきますよ。どうしたというのだろう。みんなア、お待ちようお待ちよう。

みんなを追うように、おばさんは上手に入る。

　　第三景　ニコニコ山

上手に　大立木（景1）。

下手に　小立木（景2）がある。

下手から、ウサギ（基1）がやってくる。

ウサギ　ここがニコニコ山だ。みんなどうしたかな（下手方を見て）あ、タヌキ君が来るぞ、おーい早くおいでよう。

下手から、さかさまになったタヌキ（活1B）がやってくる。

下手に入る。

タヌキ　こんなに、なっちゃったア。

ウサギ　どうしたの、それは――。

下手から、下半身のサル（活2B）がやってくる。

サル　わーい。ボクこんなになっちゃったア。

ウサギ　ええッ、サル君も、どうしたの。

この時。下手から、おばさん（基4）急いで出てくる。

そしてウサギとタヌキ、サルの間に入る。

（おばさんとウサギは上手。タヌキとサルは下手に、向合う）

おば　なんだいタヌキさんは。きっと月天さん日天さんと反対に云ったのでしょう。

おやおや、おサルさんは、日天さんばかり云ったのでしょう。

さア二人とも元気な声で、おとぎ峠に星が出たと、いってごらん。

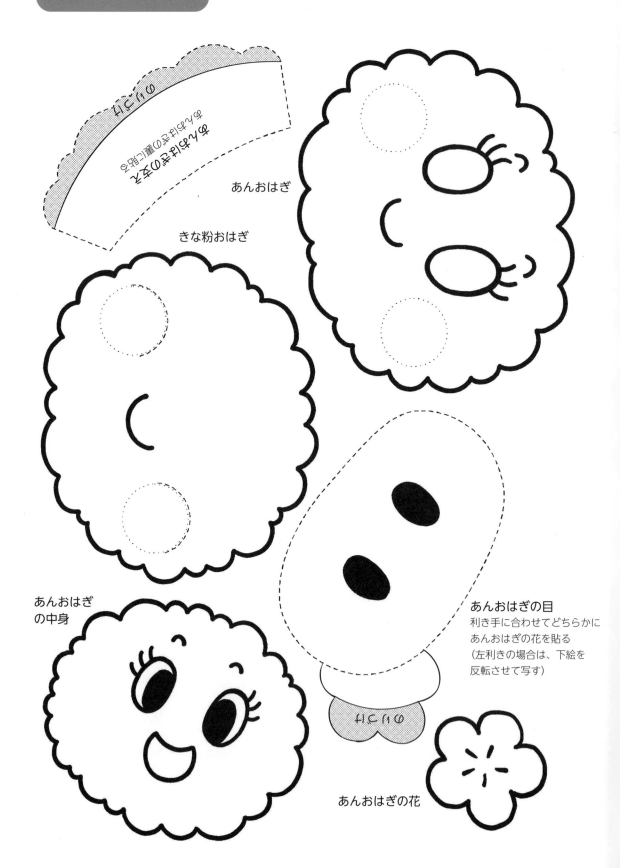

あんおはぎの箱

あんおはぎの中身

あんおはぎ

きな粉おはぎ

あんおはぎ
の中身

あんおはぎの目
利き手に合わせてどちらかに
あんおはぎの花を貼る
（左利きの場合は、下絵を
反転させて写す）

あんおはぎ

あんおはぎの花

※下絵の説明は179頁にあります。

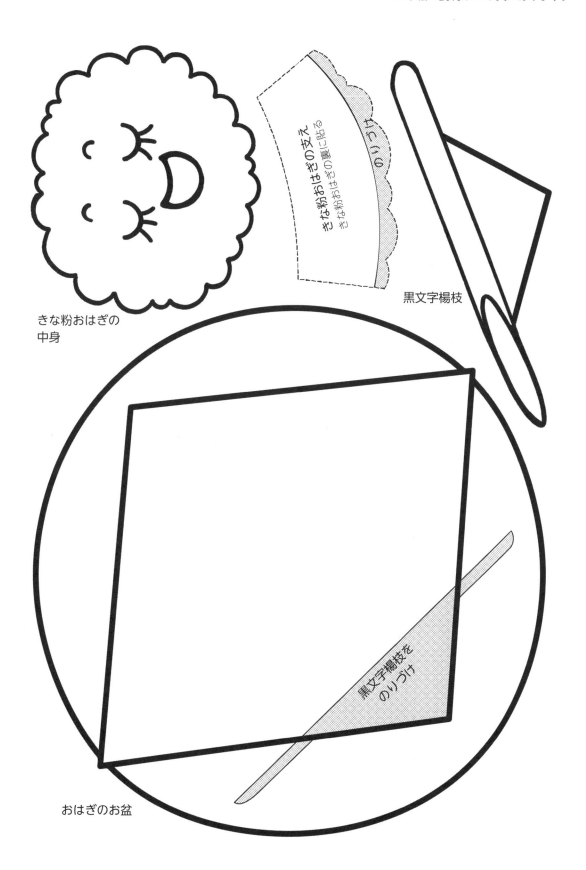

きな粉おはぎの支え
きな粉おはぎの裏に貼る

のりつけ

黒文字楊枝

きな粉おはぎの
中身

黒文字楊枝を
のりづけ

おはぎのお盆

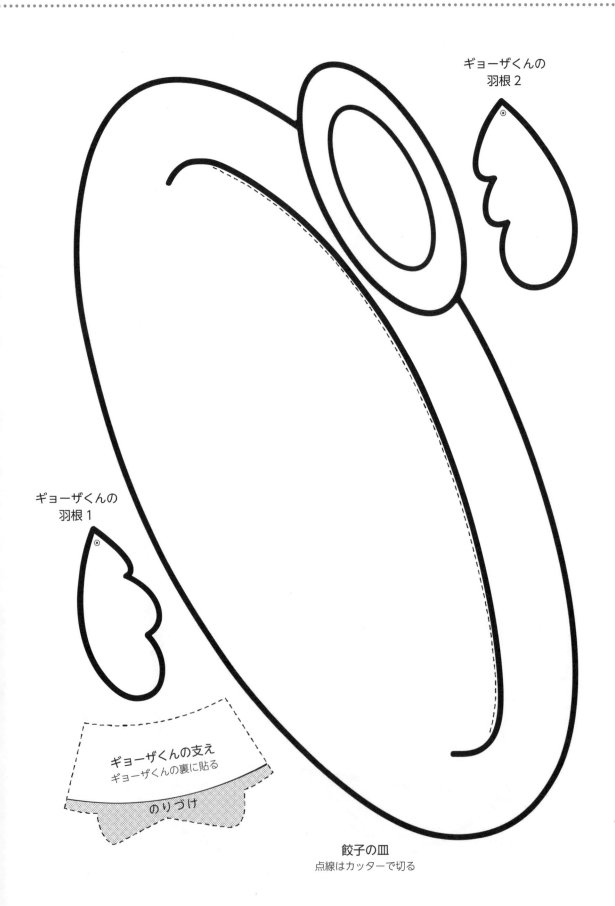

ギョーザくんの
羽根 2

ギョーザくんの
羽根 1

ギョーザくんの支え
ギョーザくんの裏に貼る

のりづけ

餃子の皿
点線はカッターで切る

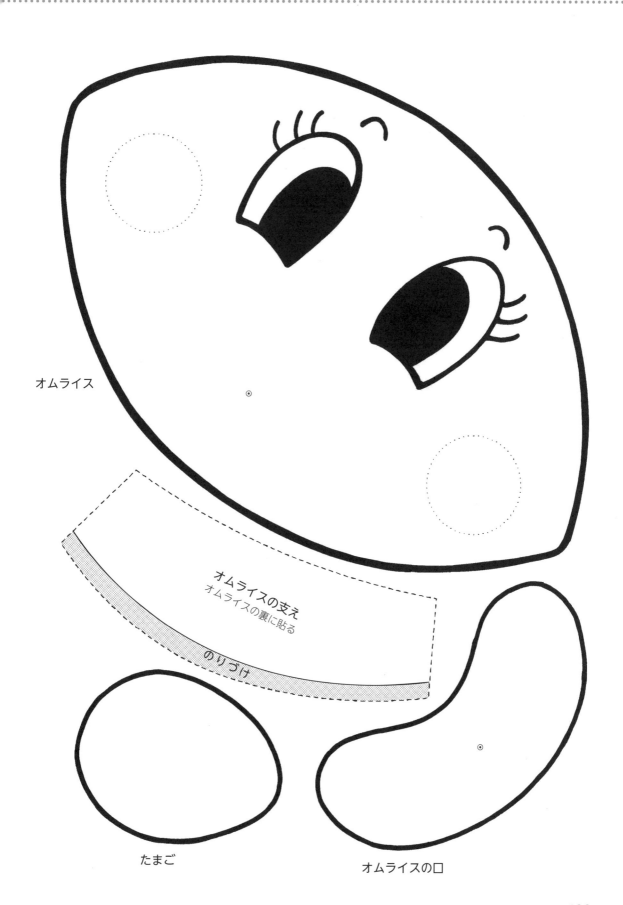

オムライス

オムライスの支え
オムライスの裏に貼る

のりづけ

たまご

オムライスの口

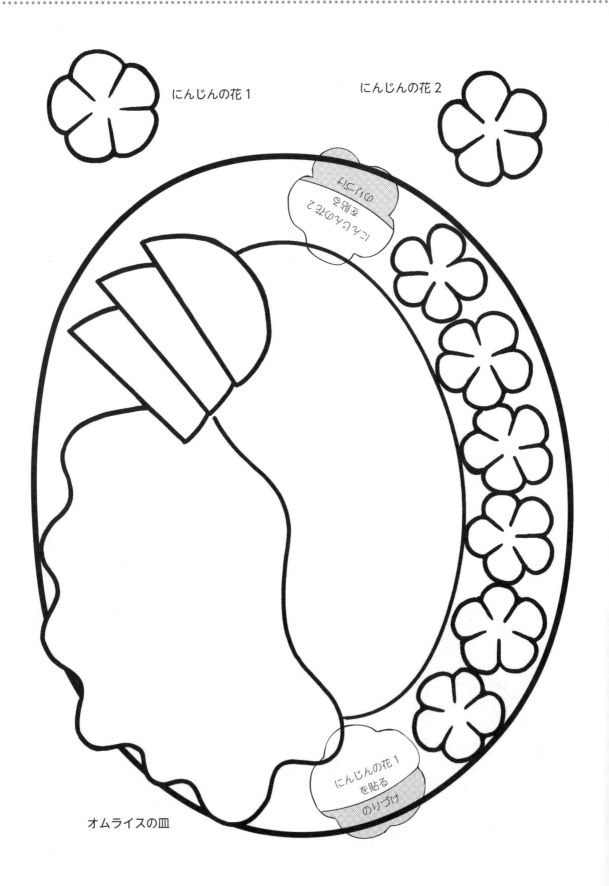

にんじんの花1

にんじんの花2

にんじんの花2
を使う
のりづけ

にんじんの花1
を貼る
のりづけ

オムライスの皿

オムライスの中身

ギョーザくんの中身

きな粉おはぎの目

餃子の皮

餃子Dの羽根

ケチャップ

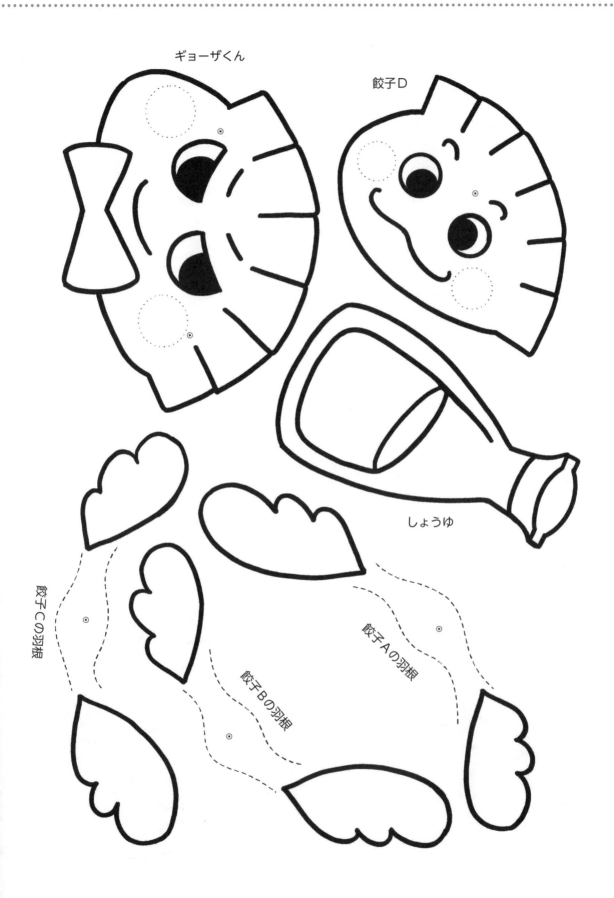

ギョーザくん

餃子D

しょうゆ

餃子Cの羽根

餃子Aの羽根

餃子Bの羽根

196

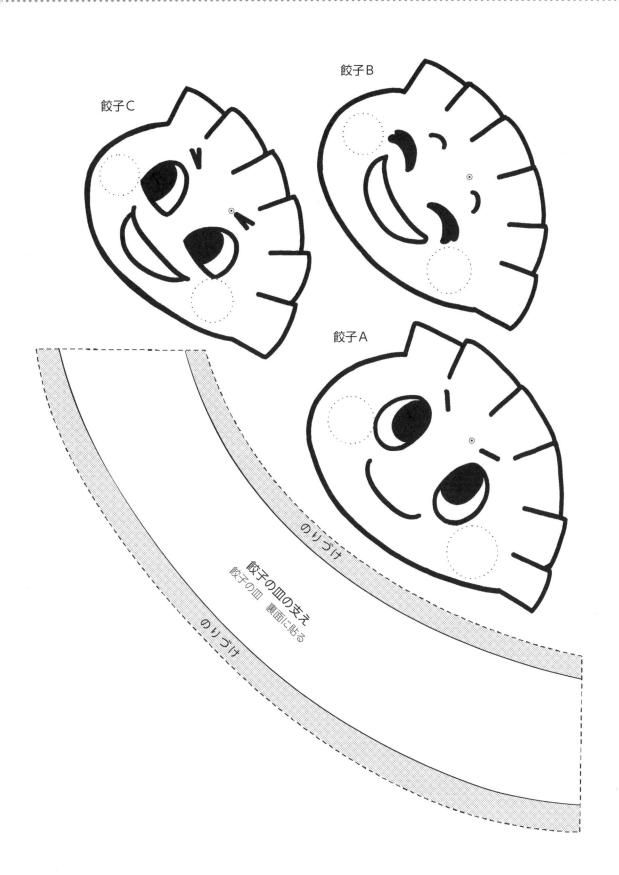

餃子C

餃子B

餃子A

餃子の皿の支え
餃子の皿　裏面に貼る

のりづけ

のりづけ

ここでは下絵の見本を掲載します。実際の下絵は有限会社白眉学芸社が販売しています（問い合わせ：03-3491-3380）。

基本①裏　　基本①表　　基本②裏　　基本②表

基本③裏　　基本③表　　基本④裏　　基本④表

基本⑤裏　　基本⑤表

活動①A　　　　　活動①B　　　　　活動②A　　　　　活動②B

景画　1　　　　　景画　2　　　　　景画　3

参考文献

1コマ目

東洋・小澤俊夫・宮下孝広編 『児童文化入門』 岩波書店 1996年

川勝泰介編著 『よくわかる児童文化』 ミネルヴァ書房 2020年

川勝泰介・浅岡靖央・生駒幸子 『ことばと表現力を育む児童文化』 萌文書林 2013年

川端有子・難波博孝・戸苅恭紀編 『子どもの文化を学ぶ人のために』 世界思想社 2002年

古田足日 『子どもと文化』 久山社 1997年

2コマ目

ヴィゴツキー／土井捷三・神谷栄司訳 『「発達の最近接領域」の理論──教授・学習過程における子どもの発達』 三学出版 2003年

厚生労働省編 『保育所保育指針解説』 フレーベル館 2018年

内閣府・文部科学省・厚生労働省 『幼保連携型認定こども園教育・保育要領解説』 フレーベル館 2018年

無藤隆編著 『幼児期の終わりまでに育ってほしい10の姿』 東洋館出版社 2018年

文部科学省 『幼稚園教育要領解説』 フレーベル館 2018年

文部科学省 「GIGAスクール構想の実現について」
https://www.mext.go.jp/a_menu/other/index_00001.htm（2021年11月24日確認）

ヨハン・ホイジンガ／里見元一郎訳 『ホモ・ルーデンス──文化のもつ遊びの要素についてのある定義づけの試み』 講談社学術文庫 2018年

3コマ目

加藤繁美 『0歳～6歳心の育ちと対話する保育の本』 学研教育出版 2012年

厚生労働省 「保育所保育指針」 2017年

内閣府・文部科学省・厚生労働省 「幼保連携型認定こども園教育・保育要領」 2017年

松本峰雄監修、浅川繭子・鍛治礼子・才郷眞弓・田中幸・堀科 『流れがわかる幼稚園・保育所実習──発達年齢、季節や場所に合った指導案を考えよう』 萌文書林 2015年

無藤隆・汐見稔幸・砂上史子 『ここがポイント！ 3法令ガイドブック──新しい「幼稚園教育要領」「保育所保育指針」「幼保連携型認定こども園教育・保育要領」の理解のために』 フレーベル館 2017年

文部科学省 「学校教育法」

文部科学省 「幼稚園教育要領」 2017年

山村智彦 「子どもの誤飲や誤嚥」 第14回こども急性疾患学寄付講座（神戸市）公開講座 2016年9月3日
https://www.med.kobe-u.ac.jp/pediat/pdf/yamamura14.pdf（2021年11月24日確認）

4コマ目

内山憲尚編 『日本口演童話史』 文化書房博文社 1972年

久留島武彦 『童話術講話』 日本青少年文化センター 1973年

7コマ目

加太こうじ 『紙芝居昭和史』 岩波書店 2004年

川勝泰介・浅岡靖央・生駒幸子編著、市毛愛子・岡林典子・齋木喜美子ほか 『ことばと表現力を育む児童文化』 萌文書林 2013年

久留島武彦 『童話術講話』 日本青少年文化センター 1973年

小林由利子 『保育に役立つストーリーエプロン──タオルや市販のエプロンでできる楽しい劇あそび：10の実践例型紙・つくり方付き』 萌文書林 2012年

永柴孝堂 『人形画帖 新編第2集』 白眉学芸社 1981年

中谷真弓 『中谷真弓の作って遊ぼうエプロンシアター』 ブティック社 2003年

久富陽子編　『実習に行くまえに知っておきたい保育実技──児童文化財の魅力とその活用・展開』　萌文書林　2002年

山本駿次朗　『ペープサート』　フレーベル館　1976年

8コマ目

古宇田亮順・松家まきこ・藤田佳子編著　『実習に役立つパネルシアターハンドブック』　萌文書林　2009年

藤田佳子　『みんなわいわいパネルシアター』　大東出版社　2007年

松家まきこ　『保育いきいきパネルシアター』　大東出版社　2008年

9コマ目

阿部和子・前原 寛・久富陽子　『新保育内容総論──保育の構造と実践の探求』　萌文書林　2010年

10コマ目

小泉文夫　『日本傳統音楽の研究1』　音楽之友社　1958年

小泉文夫　『わらべうたの研究　研究編』　わらべうたの研究刊行会　1969年

長嶺章子　「ソーシャルメディアによる手あそび歌の情報拡散における問題点」『植草学園短期大学紀要』　21　2020年　17-24頁

11コマ目

厚生労働省　「保育所保育指針」　2017年

汐見稔幸・大豆生田啓友監修　『保育原理』　ミネルヴァ書房　2019年

社団法人日本玩具協会　「玩具業界統一商品分類コードハンドブック　1999年3月改訂版」　1999年
https://www.toys.or.jp/st/pdf/bunrui_book.pdf（2021年11月24日確認）

文部科学省　「幼稚園教育要領」　2017年

文部省「幼稚園設置基準」

12コマ目

髙橋司　『子どもに教える今日はどんな日？──年中行事がよくわかる本』　PHP研究所　2006年

髙橋司　『食で楽しむ年中行事12か月』　あいり出版　2018年

萌文書林編集部編　『新訂版　子どもに伝えたい年中行事・記念日』　萌文書林　2019年

松本峰雄編著、髙橋司・飯塚朝子・佐々木由美子・関根久美・浅井広　『保育における子ども文化』　わかば社　2014年

13コマ目

小川清美　『子どもに伝えたい伝承あそび──起源・魅力とその遊び方』　萌文書林　2001年

加古里子　『絵かき遊び考』　小峰書店　2006年

厚生労働省　「保育所保育指針」　2017年

ベネッセ教育総合研究所　「第5回　幼児の生活アンケート」　ベネッセ教育総合研究所　2016年

文部科学省「幼稚園教育要領」　2017年

15コマ目

永柴孝堂　『ペープサート人形画帖3』　白眉学芸社　1973年

索 引

監修者、執筆者紹介

●監修者

松本峰雄（まつもと　みねお）
12コマ目を執筆
元千葉敬愛短期大学現代子ども学科教授
『保育者のための子ども家庭福祉』（萌文書林）
『教育・保育・施設実習の手引』（編著・建帛社）
『はじめて学ぶ社会福祉』（共著・建帛社）

●執筆者（50音順）

遠藤純（えんどう　じゅん）
1コマ目を執筆
武庫川女子大学教育学部准教授
『日本児童文学文献目録』（2分冊監修・日外アソシエーツ）
『児童文化と子ども文化』（共編著・港の人）

大野雄子（おおの　ゆうこ）
9コマ目第2項を執筆
千葉敬愛短期大学現代子ども学科教授
公認心理師、臨床心理士、学校心理士、保育士、幼稚園教諭
『保育の心理学　演習ブック（第2版）』（共著・ミネルヴァ書房）
『教師と学生が知っておくべき教育心理学』（北樹出版）

岡崎裕美（おかざき　ひろみ）
9コマ目第1項を執筆
千葉敬愛短期大学現代子ども学科教授
『コンパクト版　保育内容シリーズ⑤　音楽表現』（編著・一藝社）
『ファーストオペレッタ「うらしまたろう」』（監修・メイト）

尾山祥子（おやま　しょうこ）
13コマ目を執筆
小田原短期大学保育学科通信教育課程専任講師
『改訂　保育職論』（共著・建帛社）
『実践につながる　新しい子どもの理解と援助』（共著・ミネルヴァ書房）

才郷眞弓（さいごう　まゆみ）
5コマ目、6コマ目を執筆
グローバルステップアカデミーインターナショナルスクール立川校副園長
『乳児保育　演習ブック』（共著・ミネルヴァ書房）
『流れがわかる　幼稚園・保育所実習』（共著・萌文書林）

鈴木範之（すずき　のりゆき）
10コマ目を執筆
常磐短期大学幼児教育保育学科准教授
『心ふれあう子どもと表現』（共著・みらい）
『ことばの響き・リズムに出合うパネルシアター』（共著・大東出版社）

髙橋小百合（たかはし　さゆり）
7コマ目を執筆
大阪こども専門学校教員　佛教大学巡回指導講師
元保育士、元小学校教頭
『ことばの響き・リズムに出合うパネルシアター』（共著・大東出版社）

髙橋司（たかはし　つかさ）
4コマ目、15コマ目を執筆
佛教大学名誉教授　京都西山短期大学特任教授
平安女学院大学客員教授　児童芸術研究所主宰
『改訂　保育職論』（編著・建帛社）
『新装改訂版　乳幼児のことばの世界』（宮帯出版社）

田中幸（たなか　みゆき）
3コマ目、11コマ目を執筆
千葉大学教育学部附属幼稚園教諭
『流れがわかる　幼稚園・保育所実習』（共著・萌文書林）
『保育者論』（共著・青踏社）

福澤惇也（ふくざわ　あつや）
2コマ目を執筆
中国短期大学保育学科講師
子育て支援コーディネーター
「幼児の自発的な遊びにおける数量形に関する学び」（幼年教育WEBジャーナル）
「数量教育に対する保育者の意識」（幼年児童教育研究）

藤田佳子（ふじた　よしこ）
8コマ目、14コマ目を執筆
元淑徳大学教育学部教授　パネルシアター作家
『いっしょにわいわいパネルシアター』（大東出版社）
『わくわくドキドキ英語でパネルシアター』（アイ企画）

松本峰雄（まつもと　みねお）
監修者紹介参照

編集協力：株式会社桂樹社グループ
表紙イラスト：植木美江
イラスト：くどうのぞみ、寺平京子、宮下やすこ
8コマ目、14コマ目パネルシアターのイラスト：吉野真由美
装丁・デザイン：中田聡美

よくわかる！保育士エクササイズ⑪
子どもの文化 演習ブック

2022 年 4 月 10 日　初版第 1 刷発行　　　　　　　〈検印省略〉

定価はカバーに
表示しています

監 修 者　　松　本　峰　雄
発 行 者　　杉　田　啓　三
印 刷 者　　藤　森　英　夫

発行所　株式会社　ミネルヴァ書房
607-8494　京都市山科区日ノ岡堤谷町 1
電話代表　(075) 581 - 5191
振替口座　01020 - 0 - 8076

©松本ほか, 2022　　　　　　　　　　　　亜細亜印刷

ISBN978-4-623-09277-2
Printed in Japan